24のワークシートで示す

生活から はじめる 教育

コロナ禍が 教えてくれたこと

生活の学びの研究会【著】

JN045739

開隆堂

はじめに
―コロナ禍が示唆した教育と本書の意図

　　コロナ禍のなかで，子どもが学校へ通学しないで自宅で授業を受けるというオンライン授業が全体として取り入れられることになりました。やむを得ない方法ではあるのですが，それは成長・発達過程における人間の教育という点からは，様々な負を含んでいます。それを教育関係者だけでなく，子ども・保護者・市民を交えて，どうしていくかを話し合う場をもつ必要があると考えています。

　　一方で，コロナ禍のなかで，いのちと暮らしにかかわる厳しい生活の現実を，具体的に全体像として認識することになりました。例えば，日本は，
なんと，その日暮らしの働き方になっている人が多いことか
なんと，「いのち」にかかわることを輸入にたよっていることか
なんと，「命と健康」にかかわる財源を減らし粗末にされていることか
なんと，ジェンダー問題の改善が停滞していることか
なんと，あいまいな情報を発する傾向が多いことか
なんと，子どもの権利をスポイルしていることか　　　　　　等々です。
コロナ禍は，これらの課題の解決に向かう力を育てる教育への転換を示唆しているのではないかと，当研究会は受け止めました。
それは，一言で言えば，「生活に関する学び」を大事にする学校教育への転換です。

　　ところで，未だ，料理・裁縫を学ぶ技能教科と誤解され，軽視される家庭科教育は，家庭生活（衣食住など人間の私的な生活を営む場）を営む力をつけることと，その生活をとりまく諸環境（地域・社会・政治・経済・文化・自然等）との相互関係をみつめ人々の福祉を実現する力をつけることを，車の両輪にしている教育です。

　　それを本書は，現職・元の教員と研究者の共同討議を重ね，授業プランとして出版することにしました。本書をやむを得ずのオンラインの授業での教材として，小学校から高等学校まで，ふさわしいシートを選択していただければそのまま使用できる工夫をしています。また，他教科の教員や教育関係者，教育に関心のある大学生，子どもの保護者・社会人にも読んでいただき，議論をすすめていく上での参考資料にしていただくことを願っています。ただ，この本で十分とりあげることができなかったテーマも多々あります。今後も研究・実践を継続していきたいと考えています。

生活と学びの研究会（2020.12.）

目　次

本書の使い方

本書は，およそ小・中・高等学校・特別支援学校の各生徒の授業や家庭科教育専攻および家庭科教育の免許状の取得をめざす大学生や生活環境に興味のある社会人を対象にしています。

⑴ 「いろいろな場で語られた子どもたちの声」は，これを手掛かりに各自の思いをみんなで語る機会としてご利用ください。

⑵ 各テーマのシートの使い方
①各テーマのほとんどに，3つのシートがついていますが，適宜，ピックアップして，このまま印刷して使えるようになっています。
②シートは，資料をもとに自分で考えたり，みんなで話し合う課題が中心です。
③オンラインや通常の授業でも使用できます。
④在宅時の課題としても使用できます。
⑤小学生の場合，ほぼこのまま使えるテーマとシート番号は以下に挙げます。
ただし，漢字の読み方など，教師の補足が必要と思われるものも若干あります。
テーマ1，テーマ3，テーマ4のシート1・2
テーマ5・6・7・9・11・14・15・19・21・23・24の各シート1

⑶ 「参考資料」「識者は語る」は，コロナ禍で浮かびあがった問題について深めたい内容をおよそ1ページで示しています。これの読み合わせ，話し合う，感想を書くなどとして利用できます。

⑷ 「私たちが考える新しい様式」はこれを手掛かりに学校や社会の未来を語る機会としてご利用ください。

QRコードに対応した端末で読みとると，本書のシートをデータで参照できます。
QRコードを読みとれない場合などには，以下のURLを入力して参照することもできます。
https://www.kairyudo.co.jp/aftercovid19

いろいろな場で
語られた子どもたちの声

子どもたちは，新型コロナウイルスの感染が拡大していくなかで，何を感じ，何を
考えたのでしょうか。　今，何を感じているのでしょうか。

（小学生から大学生までの声）

緊急事態宣言のなかで感じたこと/考えたこと

《学校・友達・勉強について》

最初は休校になって
うれしかったけど，
さすがに，学校に
行きたくなった。

学校に行かなく
てよいので，疲
れない。安心。

勉強しなく
なった。

友人と思うように
会えなかったり，毎日
の課題に追われたりし
てストレスを感じた。

大学に行けなくなり，
新しい人とつながるこ
とが難しくなった。
人間関係が
広がらない。

安心して勉強が
できる。

休校中はオンラインで
課題が出たが，わかりづらいところも
あった。でもこれでなんとか理解しないと，
この後ついていけないかもと一生懸命やっ
てみた。けれど休校明けの授業で，数学は
「オンラインでわかりづらかっただろう」と
先生が言って，結局おなじところをもう一度
やった。それはありがたいけれど，最初
の方はすごいスピードでやるから，
数学がきらいになった。

大学が
オンライン授業で，
1日1 ～ 2食の生活に
なり，体調不良。

友達に会えない
のは寂しい。

《家族との関係》

家族との口けん
かが多くなった。

親はテレワーク，
妹や弟がうるさくてケンカして
いたが，家族でその日の予
定表を作って共有したことで
寝る時間が一緒になり，
ケンカが減った。

家族でいる時間が
増え，家族間で会話
が増え，食事を共に
する機会が増えた。

家族の生活に
ゆとりが
うまれた。

家族と一緒に
食事を食べるこ
とができるように
なった。

家族との会話が
増えた。

昼夜逆転して
しまったが，
オンラインが始まって
直った。

日本人の
習慣である手洗い
やうがいの大切さ
を学んだ。

早く寝るように
なった。

感染症にかからないよ
う，免疫力を高める食
材を取り入れ，自炊を
頑張った。

工夫して
生活した。

趣味	楽しむ
自分を見直す	お手伝い

時間が増えた。

体力が
落ちないように，
友だちと
待ち合わせをして
筋トレをした。

バイトが減り，
月収が減り，
学費が苦しくなり，
節約生活している。

インターネットや
SNSに書き込まれた
噂話により，
特定の商品が品薄に
なっていた。

学校が再開されて…子どもたちの思い

学校はやっぱり
いいな。

マスクが
しんどい。

学校に
行くのが不安。

2学期に学級で
趣味グループを
つくり活動を始めた。
楽しい！

文化祭や体育祭が中止。
とてもショック。公開しないで校内
だけで文化祭をやった学校もある
と聞いた。そうしてほしかった。
修学旅行もどうなるかわからない。
楽しみにしているんだけど…。

マスクの使い方
を話し合い，み
んなで決めた！

生徒会・実行委員会が
中心になり，自分たちで，
可能な文化祭・体育祭を
企画し，やり切った！
うれしかった！

文化祭・体育祭など
の行事に保護者に来
てもらえなくて残念だ。

何も行事がなく，学校
生活に物足りなさを感
じている。

志村けんさんが亡くなったこと

「全員集合をDVDで見ていた。身近な人が亡くなった」

「親が悲しんでいた」

「火葬にも病室にも家族が立ち会えない!」

PCR検査の検査数はなぜ増えない?

パチンコ店に行く人はなぜ行くのだろう?

マスク466億円は無駄では?

いつになったらマスクや10万円は届くの?

飲食店の問題

給食がなくなって野菜が捨てられている問題

夏の甲子園の中止

9月入学について

医療者や保育士の子どもがなぜ排除されるのか?

アメリカや中国，その他の国の取り組み

子どもは，新型コロナウイルスを理解しているのか?

新型コロナウイルス禍の中で，世界に発信されたこと

《国連　子どもの権利委員会　2020年4月の声明》

　オンライン学習がすでに存在している不平等を悪化させ，子ども・教師間の相互交流に置き換わることがないようにする。オンライン学習は，教室における学習に代わる創造的な手段ではあるが，テクノロジーもしくはインターネットへのアクセスが限られているもしくはまったくない子ども，または親による十分な支援が得られない子どもにとっては，課題を突きつけるものでもある。このような子どもたちが，教員による指導および支援を享受できるようにする。

《ユネスコ　学校の再開ガイドライン》

　政策決定者は，対面授業と遠隔学習のそれぞれの利点を特に考慮しながら，地域の状況のなかで，どうすれば子どもたちの学習と心身の健康を最善の形で確保できるのかを分析評価しなければならない。

《子どもの権利条約》が教えてくれること （ユニセフ『子どもの権利条約カードブック』より作成）

- ・「子どもの権利条約」は，子どもの「基本的人権」を国際的に保障するために定められたもの。
- ・成長過程にある子どもは，特別な保護や配慮を必要とする「子どもならではの権利」をもつと同時に，おとなと同様の人権をもつ存在＝主体であると認める。
- ・子どもの生存，発達，保護，参加の権利を実現するために定められる。
- ・対象は，18歳未満の子ども。
- ・1989年第44回国連総会で採択。1990年発効。日本は1994年に批准（実行）。
- ・前文と本文54条からなる。

「子どもの権利」は大きく分けると4つ

（どんな権利が？）

日本語訳：（公財）日本ユニセフ協会

1. 生きる権利	2. 育つ権利	3. 守られる権利	4. 参加する権利
全ての子どもの命が守られること	もって生まれた能力を十分に伸ばして成長できるよう，医療や教育，生活への支援などを受け，友だちと遊んだりすること	暴力や搾取，有害な労働などから守られること	自由に意見を表したり，団体を作ったりできること

第26条【社会保障を受ける権利】
生活するのに十分なお金がないときに国からお金の支給などを受ける。

第27条【生活水準の確保】
心や体のすこやかな成長に必要な生活を送る権利。親（保護者）は第一の責任者だが，国も協力。

第29条【教育の目的】
教育は，子どもが自分のもっている能力を最大限のばし，人権や平和，環境を守ることなどを学ぶためのもの。

第19条【暴力などからの保護】
親（保護者）が子どもを育てている間，どんな形であれ，子どもが暴力をふるわれたり，不当な扱いなどを受たりすることがないように，国は子どもを守らなければならない。

第12条【意見を表す権利】
自分に関係のあることについて自由に自分の意見を表す。

第13条【表現の自由】
自由な方法で色々な情報や考えを伝える権利，知る権利。

第17条【適切な情報の入手】
成長に役立つ多くの情報を手に入れることができる。国は必要な情報が多く提供され，よくない情報から子どもを守る。

第15条【結社・集会の自由】
他の人びとと一緒に団体をつくったり，集会を行ったりできる。

第2条【差別の禁止】
みんな平等にこの条約にある権利をもつ。国のちがいや，男か女か，どのようなことばを使うか，どんな宗教を信じているか，どんな意見をもっているか，心やからだに障がいがあるかないか，お金持ちであるかないか，親がどういう人か，などによって差別されない。

など　　など　　など　　など

（広げよう権利！）

《「子どもの権利条約」が大事にしている4原則》

①命が守られ十分に成長できるよう，医療，教育，生活への支援などを受けることができる

②子どもの最善の利益（その子どもにとって最もよいこと）を第一に考える

③子どもの意見の尊重（自由に意見を表すことができ，おとなはその意見を子どもの発達に応じて十分に考慮する）

④差別の禁止（すべての子どもは，子ども自身や親の人種，性別，意見，障がい，経済状況などどんな理由でも差別されない）

第 1 章

コロナについての基礎知識

1 新型コロナウイルスとは

1 感染症を引き起こす病原体：細菌とウイルスの違い

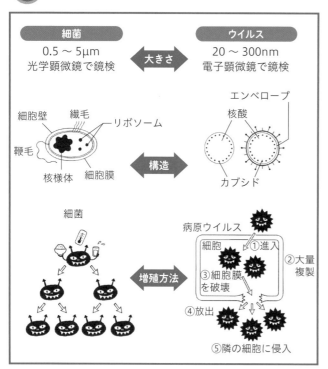

細菌は μm（マイクロメートル：1mmの1/1000の単位）の大きさで肉眼では見えない。ウイルスはさらにそのμmの1/1000の単位のnm（ナノメートル）で，微生物の中で最も小さく，電子顕微鏡でなければ見ることができない。

細菌は，細胞の中にDNAとRNAの遺伝情報を持ち，一定の条件下（栄養・水分・温度）であれば，どんな所でも単独で細胞分裂して増殖できる。

ウイルスは粒子の中心にある核酸とそれを取り囲むカプシドと呼ばれるタンパク質の殻から成る単純な構造である。核酸の中の遺伝情報も，DNAかRNAのどちらかしか持っていない。また，エンベロープという脂質の膜を持つものと持たないものがある。

ウイルスは細胞を持たないため，<u>単独では増殖できず，人や動物の生きた細胞に侵入して取りつき，その生き物の細胞が増殖するために使う材料や仕組みを横取りして複製していく。</u>

下線の特徴から，ウイルスは非生物，または生物とはいいきれないとされる。しかし，大枠で，微生物という括りで語ることもある。

2 新型コロナウイルスとは

人に感染するコロナウイルスは今回の新型コロナウイルスを入れて7種類ある。そもそもコロナウイルスのコロナは電子顕微鏡で見た際に確認できる突起が王冠（Crown）に似ていることから，ギリシャ語で王冠を意味する「Corona」という名称が付けられたとされている。

ウイルス名	病名
H-CoV-229E.OC43.NL63.HKU-1	風邪（4種）
SARS-CoV（サーズ）	重症急性呼吸器症候群（2003年流行）
MERS-CoV（マーズ）	中等呼吸器症候群（2012年流行）
SARS-CoV-2（新型コロナウイルス）	COVID-19

スパイク（突起部分）

エンベロープ　写真提供：国立感染症研究所

エンベロープという脂質性の膜を持っている。また，遺伝情報はRNAだけ持っている。

●アルコールや手洗いが有効

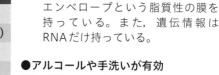

コロナウイルス　アルコールやせっけん

脂質性の膜

膜が壊れると感染力を失う

産経WEST2020年2月25日付

3 新型コロナウイルス感染症

新型コロナウイルス感染症	COVID-19
読み方	コーヴィッド・じゅうきゅう
意味	CO = Corona（コロナ），VI = Virus（ウイルス），D = Disease（病気），19＝発生年（2019年）

感染経路

●飛沫感染

咳やくしゃみをする　　吸い込んでしまう

●接触感染

手すりやドアノブに触る　　手洗いしないと手に付着する　　目や鼻をこする

感染するとどんな症状?

●最もよくある症状

発熱　空咳　倦怠感

●重篤な症状

呼吸が苦しいまたは息切れ
胸の痛みまたは圧迫感
言語障害または運動機能の喪失

●時々ある症状

痛み　喉の痛み　下痢　味覚または嗅覚の消失
頭痛　手足の指の変色　結膜炎　皮膚の発疹

参考文献　Newsweek covid-19のすべて，株式会社CCCメディアハウス，2020年6月発行/世界一やさしい！微生物図鑑，新星出版社，2020年7月発行/世界を変えた微生物と感染症，祥伝社，2020年8月発行

2 なぜ世界的大流行となったのか

① パンデミックした新型コロナウイルス

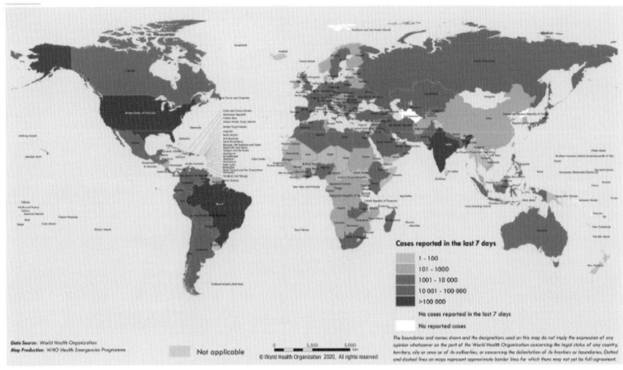

世界におけるCOVID-19確定症例数 （WHO　2020年8月12日付）　色の濃いエリアが感染者の多い国

　新型コロナウイルスは，2020年3月11日に世界保健機関（WHO）より，パンデミック（世界的大流行）宣言が出された。パンデミックの語源は，ギリシャ語のパンデミア，パンは「すべて」，デミアは「人々」を意味している。

② 急速に世界中に感染拡大した背景

新興国を含めた交通網の整備

高速鉄道網や航空路線の整備
高速道路の整備
人口密度の高い都市
世界を結ぶ航空路線網の整備

▶ 10年前と比べて人の動きが10倍に増えている

新型ウイルスの怖い特徴

人々がまだ免疫をもっていない
感染からウイルスが
じわじわゆっくり増える
感染していても症状の出ない人がいる

▶ 無意識のうちに感染が　広がる

	SARSコロナウイルス	新型コロナウイルス
流行時期	2002年11月～2003年7月	2019年12月～
潜伏期間	2～4日（平均5日）	1～14日
致死率	約10%	約2%
患者数	8,098人	20,624,316人（8月14日時点）
死亡者数	774人	749,421人（8月14日時点）
流行地域	中国広東省，トロント，シンガポール，ハノイ，香港，台湾	中国湖北省武漢，アメリカ，ブラジル，ロシア，英国，スペイン，イタリア，ドイツ，インド…他世界中

③ 感染拡大を予防するには

ウイルス自体は，単独で移動したり，増殖したりはできない。動くのは感染者。

▼

ワクチンという生物学的対抗手段がまだない

▼

今は物理的方法と化学的方法で防ぐ！

▼

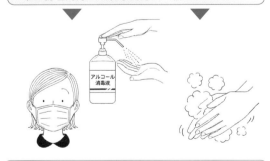

1 換気の悪い　**密閉空間** 　2 多数が集まる　**密集場所** 　3 間近で会話や発声をする　**密接場面**

参考文献　感染症の時代を生きる　近畿大学　宮澤 正顯，WHO日報205

生物多様性からみた新型コロナウイルス

① 新興感染症の出現

> 新興感染症とは，新しく認識された感染症，局地的あるいは国際的に，公衆衛生上問題となる感染症（WHO定義）

これらの多くが，「他の動物」からヒトに移されて起きたもので，人獣共通感染症あるいは動物由来感染症とも呼ばれている。

チンパンジー　コウモリ　アカゲザル　蚊を媒介

エボラ出血熱

AIDS（後天性免疫不全症候群）　ジカウイルス感染症

新興感染症

新型コロナウイルスのパンデミックを受けて，生物多様性の重要性が再認識されている。

※生物多様性とは，地球上のさまざまな環境の中で適応進化した多種多様な生物が，さまざまな形で関わり合いながら暮らしている状態を表す概念

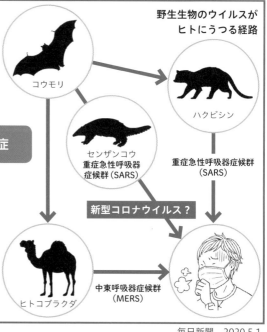

このような野生生物由来の感染症の原因が生態系の破壊です

野生生物のウイルスがヒトにうつる経路

コウモリ　ハクビシン

センザンコウ
重症急性呼吸器症候群（SARS）　重症急性呼吸器症候群（SARS）

新型コロナウイルス？

ヒトコブラクダ　中東呼吸器症候群（MERS）

毎日新聞　2020.5.1.

② 生物多様性の喪失が感染症に及ぼす影響

地球温暖化で気温が上昇し，生物が北上してその地では接触したことのなかった微生物を運んでくる。

野生動物の売買，野生動物の食用化により，人間社会には存在しなかったウイルスに感染するようになった

森林伐採し，耕作地や居住地を広げ，野生動物と接触の機会が増えた。

経済効率性を優先させてきた代償

エビ養殖池の造成
〜マングローブ林が減少〜

綿花栽培のための
灌漑
〜アラル海の乾燥化〜

安価な輸入材で
大量生産・消費
〜原生林が減少〜

レアメタル採掘による
森林伐採
〜ゴリラの生息地が減少〜

放牧や農地の拡大
〜森林破壊〜

ウイルスはそれ自体では生きていけないので，宿主の野生動物の身体を弱らせることなく，森林の中で，宿主とうまくバランスをとりながら共生してきた。

▼

そのウイルスが人間に感染すると，人間とはまだ共存のための調整ができていないため，人間に重篤な症状を起こさせ，死に至らしめるような事態になってしまう。

③ 生物多様性の重要性

アフターコロナの世界では，人間が自然を破壊することなく，生物多様性を保ち，自然と人間が共生できる経済や社会を築いていくことが求められている。

参考文献　「感染症の時代を生きる」近畿大学　宮澤　正顯，
「知っていますか？生物多様性のこと」札幌市，毎日新聞　2020年5月1日付

① 新型コロナウイルスの3つの検査方法の違い

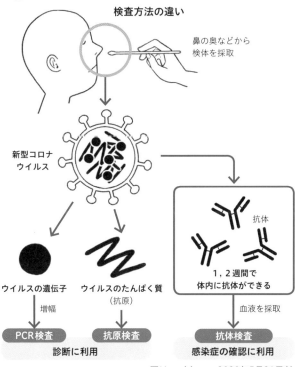

検査方法の違い

鼻の奥などから検体を採取

新型コロナウイルス

抗体

1，2週間で体内に抗体ができる

ウイルスの遺伝子 → 増幅 → PCR検査 → 診断に利用

ウイルスのたんぱく質（抗原） → 抗原検査 → 診断に利用

血液を採取 → 抗体検査 → 感染症の確認に利用

図はasahi.com 2020年5月21日付

検査の種類	PCR検査	抗原検査	抗体検査
検体	鼻咽頭拭い液，唾液	鼻咽頭拭い液	血液
検出するもの	ウイルスの遺伝子	ウイルスのたんぱく質	ウイルスに対する抗体
陽性が意味すること	ウイルスが体内に存在（感染している）	ウイルスが体内に存在（感染している）	過去にウイルスに感染したことがある
精度	ウイルス量が少なくても検出可能，感度は70%程度	ウイルス量が一定以上あれば検出可能，PCR検査より精度は劣る	陰性は比較的高い感度。陽性判定はまちまち。
判定に要する時間	数時間だが，検出施設までの輸送時間がかかる	30分以内	10〜15分

　PCR検査の「PCR」は，Polymerase Chain Reaction（ポリメラーゼ連鎖反応）のイニシャルで，特定のDNA断片を選択的に増殖させる遺伝子増幅技術の一種。
　「抗原」は体に入ってきた異物（ウイルスなど）のこと。それは特有のたんぱく質からなる。
　「抗体」は，体に入ってきた異物（ウイルスなど）を排除するためにつくられる免疫たんぱく質のこと。体内に抗体ができるまでには時間がかかる。

② 感染症の3要素と対策

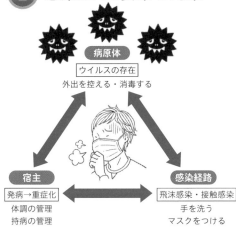

病原体
ウイルスの存在
外出を控える・消毒する

宿主
発病→重症化
体調の管理
持病の管理

感染経路
飛沫感染・接触感染
手を洗う
マスクをつける

新型コロナ対策にかかわるキーワード

濃厚接触者（医師等の専門家は除かれる）
　患者（確定例）が発病した日以降に接触した人のうち，患者と同居あるいは車内，航空機内等で長時間接触した場合，患者の出した痰，鼻水，唾液等に直接ふれた可能性が高い場合，患者に直に手で触れた場合，患者の飛沫があって2メートル以内の距離で接触があった場合

患者クラスター
　感染連鎖の継続で連続的に集団発生を起こし，大規模な集団発生につながりかねないと考えられる患者集団。換気の悪い密閉空間，互いの近距離により発生しやすい

ロックダウン
　数週間，各地域を封鎖すること。強制的な外出等の禁止措置を政府が行うこと。

感染状況の指標

感染者数
新型コロナウイルスの保菌者数で，重傷者だけでなく，中・軽症者，無症状者を含む数値

感染率
人口に対する感染者の割合

陽性率
検査数に対する感染者の割合

③ ワクチン

　ウイルスなどの病原体によって感染症にかかると体の中で抗体ができる。そして，この抗体は新たに体の中に侵入してくる病原体を攻撃してくれる。この仕組みを利用したのが「ワクチン」である。

この仕組みを「免疫」という

生ワクチン	不活性ワクチン
病原性を弱めたウイルスを接種し，それらが体の中で増えることによって免疫力をつける。自然感染に近い状態で免疫がつけられる	死菌ワクチンとも呼ばれる。科学処理などにより死んだウイルスを使用するため，生ワクチンより副反応は少ない。その反面免疫力が弱く，免疫の続く時間が短い等の短所もある

参考文献　人類の脅威！怖いウイルス事典，宝島社，2020年7月発行　人類を脅かす新型コロナウイルス，斎藤勝裕，株式会社 シーアンドアール研究所，2020年7月発行　新型コロナウイルス図解職場の対策マニュアル，株式会社エクスナレッジ，2020年4月発行

第2章

授業実践・授業プランの考え方

コロナ禍は，二つの大きな課題を私たちに示唆した。

ひとつは，グローバル経済は，経済発展というプラス面と同時に，地球資源の縮小と生物の棲家まで接近し，自然破壊と人間生活の経済格差，さらに，そしてウイルスの猛威は，人間相互のつながりを分断しなければ，人間の命と健康を守れないという，負の側面を教えてくれた。

これらのことから，以下の二つで今後の授業のあり方を提起してみる。

（1）今後何を重視して授業に取り組むべきか

（2）やむを得ないオンライン授業や自宅学習のあり方

（1）これからの学び

知識を理解し技能を身につけること，これは基礎であり大事。だが，問われているのは，それにとどまらないこと。

それらの意味を自分で考え，級友と対話し，批判的に判断する力も大事。

それらは，生きる根本である「経済」に強い目と，持続可能な社会へ向かう判断力そして，多様性の尊重という人権感覚を身につけることであり，授業における子どもと教師の関係を変えることでもある。

1 主体的・対話的で深い学び
——「私」と「社会」がつながる回路を開く——

学習指導要領（2017・2018年告示）では，「主体的・対話的で深い学び」が求められています。AIが活躍する時代に「創造性」や「独創性」などの育成のために，アクティブ・ラーニングが推奨されました。しかし，活動的であるが，内容が薄く発見がない表面的活動に陥るとの懸念が出されました。そこで登場したのが，「主体的・対話的で深い学び」です。ここでは，21世紀の学びについて家庭科の特徴から考えたいと思います。

● 主体的・対話的で深い学び

「主体的・対話的で深い学び」では，下記が重要とされています。

①問題発見・解決を念頭に置いた深い学びの過程
②他者との協働や外界との相互作用を通じて，自らの考えを広げ深める，対話的な学びの過程
③見通しをもって粘り強く取り組み，自らの学習活動を振り返って次につなげる，主体的な学びの過程

自分で学びを進めていくには，自分の見方が揺さぶられるほど心に響くことが必要です。

家庭科は，身の回りのモノ・人・コトを対象としているからといって，授業が子どもの心に響くものになるとは限りません。特に，消費社会では，商品の材料や生産過程がみえにくく，商品と自分との関係は希薄でよそよそしいといえます。

● 「私」とつながる回路を開く

家庭科では，子どもが五感を伴う身体を介したものづくりや実験・調査などにより，モノ・人・コトと交流することが大事にされてきました。5年生になると，初めて裁縫箱を手に子どもはワクワクしています。現代では針と糸と布で何かをつくる機会は乏しく，貴重な体験です。だからこそ，体験に終わらせることなく，以下の取り組みにより意味づけます。

①自分で表現する部分をつくる➡創造的・創作的活動へ
②ものをつくるだけでなく，なぜそうするのか？
　科学的・論理的にとらえる
　ものづくりに複数の意味づけを行う（物語的思考）
③社会的文脈に位置づける➡生活をくぐらせる

例えば，つくりたいマスクをつくり，マスク不足の中で「縫う」ことの意味に出会ったり，感染症とその対策を調べたり，自閉症や過敏症でマスクができない子に思いを馳せてつくり方を考えたりするとき，子どもは自ら動き出します。ここに，ものづくりや実験・調査が自分にとってかけがえのない意味あるものに変わっていく手がかりがありそうです。

身の回りのモノや人やコトが関係あるものとして見えてくると，生産・流通・消費・廃棄がどうあってほしいかが考えられます。コロナ禍で食料自給率が心配になりましたが，社会的論争課題だからこそ，大豆を加工し味噌をつくってみるなど，個別具体的な体験を通して検討できるのが家庭科の強味です。

● 生活を共同でつくりだす対話

呼びかけと応答＝対話に導かれ，事実について，子どもは自分の受け止め方の背後にある経験や見方の違いと同一性に気づきます。自分の受け止め方の理由を形づくっているものを検討すると，生活の課題や解決の展望が明らかになります。「対話」は，固定的に捉えられていた意味から，双方にとって納得できる新たな意味をつくりだすものです。「なぜ，パチンコに行くのか」について語り合うと，「自分のことしか考えてない」と思う子もいれば，「家に居られないのかも」と自分と重ねて考える子，「感染対策」を考える子もいるでしょう。対話により，家族や住居・雇用の問題や格差など社会との関係がみえ，何が課題であり，どうしていくとよいのかが考えられます。子どもたちが複数の立場の語られ方を知り，事実と生活の見方を検討するとき，深い学びになります。

● 社会的な課題解決と権利に開かれた参加へ

子どもと生活の見方を吟味するときに，「語られてない声」に着目すると，新たな見方に出会えます。例えば，食品選択について，無添加の塩せきハムや遺伝子組み換え大豆の加工品を購入するかどうか，といった討論では「安さ」か「安全」か，と価値が対立し，どちらを選ぶかに終始しがちでした。コロナ禍でも地元の食材は，入手しやすいこと，あるいはアレルギーの人も食べられることを考えるなど，差異と多様性を尊重する社会的ルールを追究すると新たな方向が発見できます。90年代以降の格差拡大のなかで，子どもがいる世帯では「家計の二極化」が指摘されてきましたが，コロナ禍により一層格差が拡大しつつあります。

大事なことは，❶「子どもの側」から問いを立てること，❷ものの見方や語られ方に少数の側の見方が消去されてないかと問うこと，❸家族の協力や努力が必要＝「自己責任」という見方だけでなく，背後にある格差と貧困などの社会的課題を意識して問題を公的に解決する枠組を用意し対話することです。

家庭科の時間数は限られていますが，総合学習や他教科と連携し，体験を通して生活の見方を捉え返すことができます。こうした豊かな学びを創っていくとき，子どもたちは授業を通して，家庭生活とそれを支え規定する社会を批判的に検討し，新しい様式づくりに関与・参加していくことが可能になります。そのことが今，求められているのではないでしょうか。

SDGsをツールとした授業づくり

学習指導要領の前文と総則に「持続可能な社会の創り手」の育成という文言が盛り込まれ，SDGsにつなげた授業実践も取り組まれてきています。しかし，このSDGsに関連づけた学習も授業での取り上げ方によっては，単なる表面的な学びに終始してしまうのではないでしょうか。ここでは，SDGsをツールとした家庭科の授業づくりについて考えていきたいと思います。

●SDGsとどう向き合うのか

SDGs（エスディージーズ）は，2015年の国連サミットで採択された「持続可能な開発のための2030アジェンダ」に記載された2030年までに達成を目指す国際目標です。図1の17の目標と169のターゲット（具体的な目標）で構成されています。

図1　SDGsの17の目標

本書の授業実践，授業プランにも，SDGsとの関連を試みています。それぞれのテーマについては，違う角度からも授業展開していけるため，SDGsとの関連は多様に広がっていきます。一方で，グローバルな視点や社会的背景を探究する学びの部分について「これは家庭科ではない！」という指摘も聞こえてきます。しかし，このような考え方自体が，家庭科が本来持っている学際的価値（図2）を下げることに繋がっているのではないでしょうか。SDGsは真っ先に人間の問題・生活の問題を取り上げていることに注視したいと思います。

図2　家政学とは

家政学とは，家庭生活を中心とした人間生活における人間と環境の相互作用について，人的・物的両面から，自然・社会・人文の諸科学を基盤として研究し，生活の向上とともに人類の福祉に貢献する実践的総合科学である。「家政学未来構想1984」より

●児童・生徒の今の実感を学びの中へ

家庭科は，生活そのものを学習の対象としているため，時代の変化に敏感に反応できる柔軟な教材観が求められます。家庭科は生活者の立場，消費者からの立場で考える教科として，その背景にある社会の側の現状を多角的に見ていくことを排除してしまうと，狭い視野でしか暮らしの問題をとらえられないことになりかねません。児童・生徒は，日々の生活での実感と家庭科の授業内容とに違和感を持った場合でも，表面的にはきちんと授業を受け，レポートや試験には教師が求める模範解答を書いていくのではないでしょうか。家庭科の授業づくりにおいては，生活における基礎・基本の学びとともに，広い視野にたって社会の動きをとらえ，目の前の児童・生徒のリアルな今の暮らしの現状に十分目を向ける必要があります。

●新型コロナによる生活の変化とSDGs

SDGsは世界共通の目標であるため，地域レベルや個人レベルでの全ての課題を網羅できているわけではありません。むしろ，自分たちに必要な18番目の目標を考えたり，17の目標それぞれに新たなターゲットを書き加えたりするような学習活動があっても良いと思います。

そもそも新型コロナウイルス感染症の本質的問題は，SDGsに繋がっています。感染症の流行の原因は，私たちが開発のために動物の生息地を荒らし，動物体内では共生できていたウイルスに人が接し，ウイルス変異を起こさせているからです。さらに，感染症の流行による人々の活動や移動の制限は，経済や人権問題の連鎖を生み出しています。SDGsは，「誰一人取り残さない」と定義されていますが，コロナ禍で弱者はより窮地に追い込まれる状況が，浮き彫りになりました。

もともとSDGsは，自分ゴトとして考えることを強く打ち出しています。コロナ禍での切実な生活実感は，さまざまな社会課題を自分ゴトとして考えていく大きな動機づけになるのではないでしょうか。

一人ひとりの生活は，関係性をもって外の世界と繋がっています。そして家庭人と社会人（職業人）の立場を持ち合わせています。しかし職業人としての場面では，いのちと暮らしを守る家庭人としての願いとは異なる動きを見せる人もいるのが実状です。このような社会の矛盾の解決に向けて，家庭科は，あらゆる場面で発揮できる「いのちと暮らしを守る実践力」を育成していく大きな役割を担っています。

3 生活の学び・経済

これまで，家庭科教育の中で家計や消費生活を学ぶことはあっても，衣食住の生活を考えることと切り離して学ばせることが多くありました。コロナ禍で家庭の経済格差は広がり，より苦しい生活になっている家庭もあります。社会状況の影響による経済状況の変化が家計や生活の質に与える影響を考える授業の展開が必要です。

●生活の学びと家計

暮らしと経済，家計などについて学ぶ機会は，家庭科の各分野の中の1つに位置づけられています。平成30年に告示された高等学校学習指導要領をみても，「C持続可能な消費生活・環境」の中で家計の構造や家計管理等を学ぶことになっています。しかし，暮らしと経済の分野の中での学びはできても，衣食住や保育等の分野の中で家計と関連させて学ぶ機会は少なく，どのような支出があるかを考えながら，各分野の内容を学ばせることとが難しいと言えます。

実際の生活は，どのような生活を過ごすにも家計を無視することはできません。生活に関する内容を学ぶ中で，家計管理や計画の重要性，リスクマネジメントを含めた学びを持たせるような機会があると良いでしょう。リスクマネジメントは個人のリスクに対する社会的支援にも目を向ける学びにしていく必要があります。

●コロナ禍による家計への影響 ―格差拡大―

総務省が行った家計調査より，2020年4月末に成立した国の第一次補正予算に盛り込まれた国民1人当たり一律10万円の特別給付金が影響し，データ上は一時的に実収入が増えたように見えました。しかし，それは継続的な収入ではありません。コロナ禍で個人のリスクマネジメントだけでは対応できない程の影響があり，社会全体で考えなければならない課題も見えてきました。

また，コロナ禍は職業や性別による差にも影響しました。自粛生活のために，女性の非正規労働者が多く働く宿泊・飲食，生活関連・娯楽産業での収入は，昨年度と比べ大きく減少しました。例えば，4月の労働者の減少は，男性は37万人だったのに対し，女性は70万人で，なかでも18歳未満の子どものいる女性に影響が大きくみられました。[1] 昔に比べ働く女性が増えましたが，実際には非正規労働者が多く，更に女性が家事や育児をするという考えが払拭されていない中で，仕事か家庭かを選ばざるをえなかったのも女性だと考えられています。

たとえ10万円の特別給付金が配られても，赤字を補填しても足りない生活の厳しい家庭と，勤労による収入は減少しなかったにも関わらず，給付金によって家計収入が増加した家庭の差は大きく広がったと言えます。

例えば，コロナ禍の影響で，家庭内で生活する時間が長くなれば，水道光熱費はさらに増え，リモートワークや子どものオンライン授業に使う通信コストが上がる家庭もありました。自宅で受ける授業が分からず参考書を買いたくても買えないなど，これまでギリギリで生活してきた家庭ほど，状況が一変したことで支出が増え，より厳しい生活を強いられているケースも多くみられます。これらの支出は，家庭生活に直結した減らすことのできないものが多いのです。

この課題については，今回のコロナ禍による直接的影響であったというケース以上に，これまでの家計の課題が顕在化したと考えられるケースも多くみられます。ひとり親世帯の子どもの相対的貧困率は高く，コロナ禍で収入が減ったり，子どもの学校が休校で自宅にいる中で働きに出たりする苦労も増えました。そして，自宅で買い物をすることで，クレジットカード払いにするケースも増え，それが支払いを先延ばしにするだけでなく，自分自身の家計状況を分かりにくくしてしまうことも問題です。今回のことでも，家庭科を学ぶ意義が更に明確になりました。

●生活経済を意識した家庭科の学びを

これらの課題を念頭におきつつ，本教材を通して生活経済を意識した家庭科の学びを目指しましょう。コロナ禍で顕在化した課題などを見つめることで，日常生活の中で考えなければならない家計管理や必要な社会保障について考える機会を持たせることが期待できます。そして，家庭科がその大切な役割を担っています。

参考文献　　　1）総務省「労働力調査」2020

4 多様な人の尊厳と共生

　人権とは，「わたしがわたしを生きる（「人格的生存」とも言います）」ために必要な具体的な権利の総称です。人権はあらゆる教育活動の中心にあります。家庭科は人権を日々の生活を通して学ぶことができる教科です。あらためて人権とは何か，権利としての学びとは何かを確認し，日々の実践につなげていきましょう。

● 人権とは何か

　あらためて人権とは何でしょうか。人権は日本では抽象的な概念として捉えられがちです。また専門分野によっても意味や用途が異なることがあります。法学では法規範性，教育学では社会規範性が重視される傾向にあります。教育では道徳との違いが曖昧であることも少なくありません。

　冒頭で「わたしがわたしを生きる」と端的な表現をしましたが，人権とは，人間が人間らしく生きていくために欠くことのできない，誰にも生まれたときからそなわっている権利の総称をいいます（他の言語，例えば英語ですとHuman Rightsのように明確に複数形であることが分かります）。

　この定義もややぼやけているように思います。もっと言うと，「人間らしく生きる」とは，こうあるべき生き方を押し付けられたりすることなく，自分で自分の生き方を選択して決めることができるということだと言えます。

　決めるにあたって，一定の条件（権利）が必要となります。まず何の情報もなくしては決めることはできませんから，選択の前提として情報や教育が保障されなければなりません（教育・学習活動自体が権利なのです）。また多様な選択や決定を保障する社会のしくみが必要となります。そして何か課題があったり，多様な選択を支える社会のしくみではない場合，社会に働きかけていく権利も保障される必要があります。また，人権は何か義務を果たしているから保障されるというものではありません。人間であるというそれだけで保障されるものです。

● 日本における人権教育の特徴

　日本で人権教育が法的に初めて定義づけられたのは2000年〜（文部科学省）です。部落問題（同和問題）の解決のための教育から，包括的な人権教育へと発展をしたと言われています。

　日本ではまだ包括的な人権教育の歴史が浅いことも関係しているのか，多くの課題があるように思います。例えば，人権が前述したように誰もが保障されるべきという理解ではなく，誰か生きづらさを抱えた人のことを学び，理解と対応を考えるというような，ど

こかパターナリスティックな学習（自分と線引きをして「あの人たち」と「（ふつうの）わたしたち」というような線引きをして上から目線の救済策を考えるというような学び）として捉えられがちです。

　そして人権課題を抱えた人の「回復」の道筋を聴くことに重きを置かれたり—それは感動ポルノであって決してその人の生きづらさを知らないことで自分がこの社会を支えてきた/いるという自覚もないわけですけれど—という実践も少なくありません。クリーンハンズをもとめる教員も少なくありません。クリーンハンズとは何か権利を主張するならば義務や責任を果たしてからにすべきという考え方です。

　また生きづらさを抱える人への「思いやり」を持ちましょうというような，情緒的な問題や精神の涵養に集約されることもあります。

● 人権を基軸とした家庭科の学びへ

　戦禍の反省のもとに世界人権宣言が掲げられ，その後，国際人権規約へと発展し，女性差別撤廃条約や子どもの権利条約，障害者の権利条約へと「拡大」してきました。知る→問い直し→つくる・抗う・つながり→知る→問い直し→…の積み重ねによって「拡大」してきたのが人権であり，人類の文化遺産と言われることもあります。

　新型コロナウイルス感染症の拡大によって，国際社会では人権という用語が以前よりも緊迫感をもって使われています。非常時は様々な人権課題が可視化され，深刻化しやすくなることによります。様々な人権委員会が声明を出して注意喚起をしているのはご存じの通りです。

　家庭科は人権を生活から学び，考え，社会変革へとつなげる可能性のある教科であるということ，このことを改めて共有したいと思います。

　子どもの現状を見るにあたって，そして一つひとつの実践をつくるにあたって，人権と照らして妥当であるかを絶えず省察して欲しいと願っています。

5 コロナ状況下で生徒と共に考える授業を

以下は，生活の実際から出発し，自然観・共生・人権・連帯と学びの場などをキーワードに，家庭科や社会科，その他の教科などの授業を構想するための試論である。

●コロナ状況下で想ったこと

高校教育（家庭科・地歴・公民科）の授業に携わった者として，コロナウイルスによる感染症（以下「コロナ」と略）が，子どもたちの現在と未来の生活や生き方に大きな影響を与えているということを考えれば，コロナについて何らかの形で，授業で取り扱わざるを得ないと思われる。もし私が生徒の前に立つなら，コロナについて自身が深めていきたい問い，生徒から教わりたい問題を，生徒の前に提出して生徒から学ぶという方向をとりたい。その問いかけは，過去数年間以上続けてきた「東京電力福島第一原子力発電所の大核事故」をテーマにした授業（以下「原発事故の授業」と略）のベースになる考え方と重なるもので，その主題は，①自然観と共生，②価値観・人権・連帯，③学びの場そのものの在り方，の3点である。

●コロナ問題にも繋がる自然観の内容と　自然との共生について

原発事故の授業は，食の安全性（そもそも校庭のよもぎは食べられるか？）という身近な話題から出発して，放射能汚染の実測や事実把握から科学・技術の在り方を問い直す議論へと展開し，さらに，そこから見えてくる自然それ自体を我々がどのようにとらえればよいかといった検討が行われた。このなかで，人間の生活や活動が，人間のコントロールできない程度に至り，危機的状況が生じている。このような視点から，人間の自然への働きかけは，どのような制限の下に置かれるべきなのかという問題も見えてきた。授業は，人間と自然の共生をどう考えたらよいのかという問題に繋がっていく。このような諸問題は，コロナ状況下で同じ様相を呈している。というのも，人間の文明の拡大によって，自然の中に封じ込められていたコロナが全世界中の人々に広まりつつあり，基本的に未だそれを制御できない状態のままだからである。

●価値観・人権・連帯

上記のことは，次のような形でコロナ状況にも適用できるだろう。つまり，私たちの持っている自然観や科学・技術に対する考え方は，個人と同時に人類全体を幸福にするものでなければならないという価値観の問題にも連接するからである。原発事故の授業において生徒は，その問題を人権の問題として把握するようになっていく。具体的には，経済的な権利（所得・生計の保障），平和に生きる権利，生命が尊重され健康が守られる権利，生存に必要な教育が受けられる権利，地球の自然を守り自然の恵を享受できる権利といった，「生徒独自」の権利も考案された。そして，これらに基づき，可能な限り人間どうしが相互に確認し合い，繋がり合うものでなければならないということ（連帯）まで，教員は教わる。生徒は，原発事故の授業と同様に，コロナ禍で，上のような権利を守れ，戦争や対立をしている場合じゃないということも発想するだろうか。また他方，子どもが休校中で自宅に居る中で出勤する労苦・通販によるクレジットカード払いの無計画な買い過ぎ・解雇・貧困などの家族状況の悪化などから，家庭生活を営む権利の問題として家庭科を学ぶ意味に思い至る生徒も出てくるだろうか。

●学ぶ場にいる者全員が大切にされること

今，思うことは，私の授業で，恥ずかしそうに話をする生徒が多くいたことだ。確かに，多くの生徒は，人前で話をすることに慣れていない。しかし，それだけではなく，聞いている生徒の反応も気がかりになる。また，何らかの理由で自身から話さない・話せない・話したくない仲間もいるだろう。そのような諸事情を感じとってか，はにかんだ生徒の所作は，学びという点で折り合えるのなら，どんな仲間も大切にしようとする意識の働きのようにも見て取れた。そこで私が教えられたことは，学びの場というのは，どのような参加者がいても，それぞれの状況を尊重し合い，それぞれがその場にいて良かったという感覚が保障される大切な公共空間ではないかと考えるようになった。このような場所があって初めて情報が相互に共有され，より深く持続的に問題が探求され，さらに自然との共生や個々人相互の共生・連帯も生まれるのではないだろうか。原発事故で明確になった諸問題は，現在のコロナが引き起こす問題にそのまま引き継がれ，さらに逼迫・緊急の度合いを強めているように思われる。今後あらゆる教育空間においても，子どもたちのコロナへの関心について，共に寄り添っていく授業や社会的対応が求められているように思われてならない。

（2）オンライン授業に どう向きあうか

　2001年，我が国の経済社会の発展と国民の福祉の向上に寄与する科学技術の振興を目的とする科学技術基本法が成立し，未来の社会を超スマート社会「Society5.0」と描き，情報技術を位置付けた。

　発達した情報技術によるデジタル教材などは目に見えない事柄を動画で細部までみせるなど教育効果は十分にある。だがAIのデーター処理能力を活用して子どもの出来不出来を評価するなど，AIが教育を支配するかのような印象すらある。

参考　教育のICT化の背景

●ICT・AI等への国・経済界の強い関心

　ICTへの関心が強いのは二つ理由がある。一つは情報技術の発達の成果が目にみえてわかる時代であること，もう一つは，低迷を続ける日本経済をICTを軸に立て直したいという経済界および政府の強い意向があることである。

●「Society5.0」とは何か

　人類の歴史を①狩猟農耕社会→②農業社会→③工業社会→④サービス・情報社会→⑤そして今はSociety5.0の社会とする。あらゆる情報をビッグデータとして集積しそのデータをAIが分析して（仮想空間）AIが人に提案したりAIが生産する超スマート社会。例として遠隔医療やドローンやスマートフォンで管理する農業等を描く。

●総務省・経済産業省・文部科学省の連携ですすめる未来の社会を推進する人材

　総務省や経済産業省，やや遅れて文部科学省が乗り出した。図1に示すように経済産業省は，「未来の教室」という専門外の用語を使ってEdTech産業と共同して教育界を市場にした商品開発を，文部科学省はそれら

の活用と情報技術に秀でる人材育成を，総務省はICT教育の環境を整備に取り組む。

> **EdTech**：EducationとTechnologyの合体造語。
> 　EdTechの開発だけでなくEdTech企業の総称としても使用。すでに多くのツールが商品化されており，産学共同で進んでいる。
> **GIGA**：Global and Innovation Gateway for All
> 直訳：全ての人に（自身の）世界と変革の扉を
> 文部科学省説明
> 　「特別な支援を必要とする子供を含め多様な子供たちを誰一人取り残すことなく，公正に個別最適化され，資質・能力が一層確実に育成できる教育環境を実現する」
> **STEAM**：Science科学　Technology技術
> 　Engineering工学　Art芸術　Mathematics数学。
> これを「文理融合」と説明する。

●個別最適化とは

　一人1台PCを配って目指すGIGAスクールで文部科学省は個別最適化を次のように説明する。

> **●能力や個性に応じた個別最適化された学び**
> 　・異年齢・異学年の協働学習
> 　・高校在学中に大学の授業を受講，飛び級，飛び入学促進
> **●スタディ・ログ（学習履歴のこと＝EdTech開発）で学びのポートフォリオの活用**
> 　・登録して指導と評価を一体
> 　・CBT（コンピューターを利用した試験）を利用した全国学力調査改善等
> **●EdTechとビッグデータを活用した教育の質の向上**
> 　・デジタル教科書・教材・CBT導入をすすめるためのICT環境の整備等　　　（一部抜粋）

　少数エリートと多くのノンエリートを早くからすみ分けるなどの懸念がある。

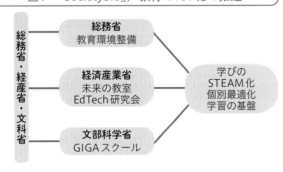

図1　「Society5.0」，教育のICT化の推進

じっくり考えようオンライン授業

日本では経験が少ないオンライン授業を，現在の状況で，じっくり検討してみよう。

●手作りからEdTechツールの利用まで様々

　行われたオンライン授業は録画・プリントなどの配信や，教師が一方的に話すもの，チャットなどを使った双方向ですすむもの，子どもが意見をホワイトボードで書いてクラスで共有する，教師が指名して子どもの意見を聞く，クラスをグループ分けして討論する，実に様々であった。これらはオンライン授業だからできたというものではなく，効率的な進行を機器のツールが支えた。その良さと同時に，オンライン授業の問題も併せてみえた。

●身体の一部を使うオンライン授業

　オンラインで使うのは，大半が聴覚と視覚と左脳で，時おり手の動作や発声もあるが個人留まりである。現実の教室では興味のない内容の時は，机に伏せたりふんぞり返ったり，面白くなさそうな表情や「ええー！」と声をあげ，興味があるものには「おおー」と身を乗り出す。児童・生徒（以下生徒）は級友のそれらから無意識に他者理解をしていく。教師はそれらへの対応を即座に頭で巡らし次の対応をとる創造の場となる。オンライン授業には，この「間」や自分の感情を出す場はなく逆にしまいこむ。教師は，画面に児童・生徒の顔が映っても彼らの心情を想像することは無理である。教室は，知識・技能等の習得のみならず，身体丸ごとの生身の人間がいて，人間としての成長を実地に磨く場である。不登校になっている生徒がオンライン授業は人間関係の煩わしさがなくほっとするというのは，オンライン授業がいいという単純なことではなく，学校は丸ごとの人間がいるという証しとしてとらえたい。だからこそ不登校の子どもの声を学校はもっと聴かなければならないのである。そして人間相互のもがきや関わり合いが意味があるからこそ図2で示すように教科と相互関係にある教科外領域が位置づくのである。

●指導者の通りに生徒が動くことを前提

　図2は，実際の授業における，学び手の自分・教師・級友そして学習内容との関係を示した図である。通常

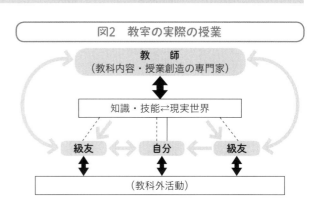

図2　教室の実際の授業

教　師
（教科内容・授業創造の専門家）

知識・技能⇄現実世界

級友　　自分　　級友

（教科外活動）

は専門家としての教師が教材を用意するので，矢印を太くしている。

　実際の授業で，教師が主導で進める授業も多いことは否めないが，新学習指導要領では主体的・対話的・深い学びを推奨し，一方向からの脱皮がめざされている。

　しかし，オンライン授業で双方向のツールを使っても相互に関係しながら授業を進めるのはかなり難しい。生徒の全体の声を拾うのは授業後に，文字で，という限定付きで少しは可能になる。反対に全く知らない文化や科学を学ぶには一方的伝達が必要な時もある。オンライン授業については学習内容による是非や効果の濃淡を考える必要があると思う。

●EdTechの安易な持ち込みの危惧

　個別最適化の中で指導と評価の一体を打ち出す文部科学省はEdTechの，Study log（学習記録）を地方自治体やがて国レベルのビッグデータとして集め，その分析結果を個人の評価・次の学習ステップ等の指導に生かすという。AIが，生徒の状態を判断し指導するわけである。ちなみにデータは以下が想定されている。

　＜校務系データのイメージ＞
　・学習評価データ（定期テストの結果，評定など）
　・行動記録データ（出欠・遅刻・早退，保健室利用状況
　・保健データ（健康診断の結果等）
　＜学習系データのイメージ＞
　・学習履歴テータ（デジタル教科書・教材の参照履歴，協働学習における発話回数 等）
　・内容，デジタルドリルの問題の正誤・解答時間等

子どもの特性・健康状態・成績までの一元管理に，オンライン授業が一役買わないことを望む。

子ども・家庭，教師それぞれの立場で考えよう

　現場の環境が整わない状態でのパソコン利用の全面化が混乱を招き，児童生徒の家庭やその児童生徒や教員の負担となった。

● 児童生徒・家庭の困難

　比較的経済的に安定している家庭の生徒が多い本校においても以下のような困難がみられた。

休業直前

　パソコンでの連絡や課題等を受け取る側の家庭では，IDに関する取扱いやホームページ等にログインして連絡を見るだけでも，戸惑いや困難と向き合うことになった。パソコンを使い慣れていない生徒・保護者は，説明書以外の特別な支援がないまま，使用するツールへのログインや課題の受け取りや印刷の操作にも苦慮することがあり，大きなストレスとなった。

休業中

　コロナ禍の影響でパソコンの配布への動きが急遽早まったが，電源を入れてパソコンを操作する場所は学校ではなく家庭なので，パソコン操作を教えてくれる人がいない。自宅勤務で保護者がパソコンを使っている場合は，児童生徒が自由にパソコンを使えない。また，双方向型のオンライン授業であれば，小学生の授業時間中はずっと大人がつかなければならないことや，リビングで家族が静かにしていなければならないことがある。

　パソコン環境がそろっている場合はどうかというと，全てがそろっていても簡単にオンラインができるわけではない。保護者がオンライン授業を望んでも，本人にやる気がなければパソコンに電源を入れないのである。児童生徒一人一人の能力や適性に応じて個別適正化された学びの実現をめざして情報活用能力が求められるが，そのためにはICT環境整備と学習支援が必要である。不備の期間が長くなることは国連が指摘するように不平等が長引くことになる。

● 教師・学校の困難

教員の研修

　管理職がリーダーシップを発揮して，指導法について教員に研修又は情報習得の機会を必要に応じて与えたり，技術的支援を児童生徒に計画的に習得させたりできる学校ならば，学校としてオンライン授業を発信することは可能になると考えられる。

GIGAスクール構想に関して

　コンピューターを配るのは，予算があればできる。授業によっては，一人1台コンピューターを使って有意義な教育活動ができているので，指導がいきわたっている環境であれば，GIGAスクール構想がうまくいく面もあると考えられる。しかし，GIGAスクール構想の実現パッケージによると，学校教育での一斉学習が「誰でもICTを活用した双方向型の一斉授業ができる」とある。しかし，双方向型の一斉授業が可能になる根拠は何なのだろうか。コロナ禍の現状では，すべて現場に任されて，いつの間にか業務に加えられただけであった。そして，GIGAスクール構想では校内情報をクラウドで管理するとあるが，それは誰がするのか。技術面やセキュリティーに不安がある。

**国連・子どもの権利委員会
：新型コロナ感染症（COVID-19）に関する声明**

2020.4.28

　オンライン学習が，すでに存在する不平等を悪化させ，または生徒・教員間の相互交流に置き換わることがないようにすること。オンライン学習は，教室における学習に代わる創造的な手段ではあるが，テクノロジーもしくはインターネットへのアクセスが限られているもしくはまったくない子ども，または親による十分な支援が得られない子どもにとっては，課題を突きつけるものでもある。このような子どもたちが教員による指導および支援を享受できるようにするための，オルタナティブな解決策が利用可能とされるべきである。

小・中・高校生のIT利用機器

（ここでは主なもののみ 複数回答）

	小	中	高
スマートフォン	37.6	65.6	91.9
ノートPC	14.2	15.5	19.7
デスクトップ	5.5	6.6	9.1
タブレット	33.8	31.1	22.2
ゲーム機	40.8	30.3	20.7

（　）内は人数　　　　　　　　　　　　単位：%
小学生（1081）中学生（1241）高校生（868）
内閣府「青少年のインターネット利用環境調査」2020

3 「調理の基本」をオンライン授業でやってみる

調理実習をオンライン授業で行うとどうなるかを実践してみる。実際の授業では，生徒の活動を確認しながら指導するが，オンラインでは，それをどこまでできるのか。少人数の同時対面式で授業をするなら，今までの授業と同じようにできることは多い。しかし，オンデマンドなどの一方的なオンライン授業では，どのような点に配慮が必要であるかを考える。

授業準備
・身支度，手洗い，きゅうりの水洗いをすませておく。
・事前に切り方の動画を見て予習しておく。
（身支度等の指導はここでは省略）

授業開始
①授業の流れを理解する。
　・準備後，全員同時に食材を切る。
　・切った食材を皿に盛りつける。
　・評価が終わるまで，片づけをして待つ。
②食材と用具をパソコンの前に持ってくる。
③包丁とまな板を自分の前に置き，作業しやすい配置を確認してから「はじめ」で一斉に切りはじめる。
　（切っている画像と切ったきゅうりを盛りつけて映す。）
④切った食材の盛りつけ画像を即時提出する。
⑤切り終えた後，片づけのコツを説明し実際の片づけと試食は授業後にする。
⑥手の空いた人はオーロラソースを作る。
　（作業が早い人との違いはここで調節する。）
⑦ワークシートやノートに振り返りを記入する。
　・自宅で調理するときに，何をどのように切るのかなど，考えたこと
　・感じたり，思ったりしたこと

メリット　「食材の切り方動画」を見て学習ができる。動画は左利き用や切る側から見た画面にできる。これはICT教材の長所である。
デメリット　予習をするとは限らない。

メリット　家庭にある用具を手に取り，確認し，使い方を知って経験できる。
　これはオンライン授業というより在宅学習の長所である。
デメリット　包丁やまな板がない場合もある。

メリット　手元を大きく写すことで包丁の持ち方を確認することができる。（指導者の手本や生徒の様子を拡大できる。ICTの長所である。）
デメリット　切りながら画面を見るのは困難。友達から学ぶこともできない。

メリット　盛りつけた画像を即時に提出できる。目視で評価し，その場でコメントができる。
デメリット　大多数を同時に画像で確認するのは難しい。誰が切ったかの区別がしにくい。

メリット　家にあるもので授業をすると家庭での実践につながりやすい。また，家族の協力の有無にかかわらず家事労働や家庭内役割への取り組みなど，調理実習以外のことが期待できる。これは在宅学習ならではの長所。

授業を終えて　メリットは，ICTの教材使用や，生徒の作業過程を画像にして評価できることなどである。しかし，生徒が作業しながら自分の画面を見るなど困難である。その他の良さは，在宅であるためのメリットでもある。最大のデメリットは，知識・技能を学ぶだけでなく，他者と共同で作業し，自己理解や他者理解を深めるという共同学習の良さがないということである。

4 在宅だから生きる学習がある

学校休業が長引いてきた時，学力の遅れが心配という声が聞こえてきた。そして学校では子どもにプリント配信や，オンライン授業を開始した。だが逆に学力とはなにか，子どもに用意しなければならない学習は何かを考えることになった。

下図は，多くの教科の学習内容等を整理したものである。

Bの取り組みと評価

A 知識・技能 （基礎・基本）	B 諸環境への応用・実践 （応用）
C　自己理解・他者理解・自分の将来	

ア
・生活に生かす
・課題に取組む
・学習を深める

イ
①実用的な課題
②考察する課題

ウ
①1教科内
②複数教科の交差

エ　評価
①自己評価または振り返りでおよその評価
②本人のレポート提出でおよその評価
③提出されたレポートの観点を決めて評価

●生きる学力を開くB

内容はそれぞれ違っていても，どの教科もおよそA・B二つの部分からなり立っていて，隠れたカリキュラムとしてCがある。しかし，現実には一般にAの量が肥大しているため，Bに時間を割くことができない。Bは，Aを活かす応用であるとともに，Aの学びに触発されて家庭生活や地域・社会・国際・自然環境などの問題を発見という主体的学習を展開できる部分である。学力といえば，Aと思い込み，オンライン授業でもAをどうするかに関心がいきがちであるが，長期在宅はBの学習の絶好のチャンスである。

●普段から課題を発見する目を養う

Bの学習は，家庭科では他教科と比べて比較的実践されてきている。「学んだことは生活をくぐらす」「実習は家でやってみる」高校では「ホームプロジェクト」をする等々。しかし，多くは宿題であったり，PDCAという方法が制約して，解決がすぐみつかりそうな卑近な実用課題になりがちである（上図イの①）。Bは，言われてやるのではなく，これを解決したい，なぜなのか，考えてみたいと思う目（イの②）を日頃から養っておくことが重要である。ある先生は「生活発見カード」を持たせ，自分が発見したことを書いていく実践，ある先生は授業の最初に「生活発見」という3分間スピーチを組むなど日常に工夫されている。

●技能学習ができないオンライン授業

技能は個人差があるが，小・中学生は，基礎的技能の単なる経験で終わっていたり，高校生でも，履修した経験はあるが身についていない場合もある。技能

は，自分の手と脳をはたらかせ，道具と火を使う行為が人間を誕生させたこと，又買わなくて自分でつくれる力は，現代の超消費社会においては文字通り"生きる力"である。技能の基礎をオンライン授業で学ぶことは難しい。通常の授業の時は，基本的な技能学習を位置付ける授業計画があると良い。在宅時に生徒が自分が決める課題の幅が大きく違ってくるはずである。

包丁が使える

玉どめ玉結び

●休業時は自分がみつけた自由課題を

以上見てきたように，家庭科はオンライン授業がしにくい面がある教科である。また，家庭科は，家庭生活を中心にした人間生活を対象に，命と健康を守り，人々の福祉を求めて学ぶ教科である。普段，家庭にいながら家庭生活についてじっくり考える時間がない生徒が，自宅で自分の課題をみつけ，それに取り組む学習は家庭科の醍醐味であると思う。課題発見は生徒一人ひとり特有のものである。その評価は，上部図で示したように様々ある。Aの部分は教師が評価することは妥当であるとしても，Bに相当する内容をすべて教師が評価していいのか，できるのかどうかは議論があるところである，生徒と評価のしかたを話し合って始めるのも一方法である。

第**3**章

身近な事柄から

ウイルスや細菌などの病原体を
やっつける免疫細胞

1 あなたの住まいの換気は

テーマ設定の趣旨

　室内の空気は，人の呼吸や活動（料理・掃除・運動など）により二酸化炭素が排出され，衣服の着脱や布団から出るほこり，接着剤や芳香剤から出る化学物質によって汚染する。また，人体に有害なウイルス・細菌・アレルギー物質などの汚染物質が外から室内に，人や風により運びこまれる。そこで，その汚れた空気を室内から追い出し，酸素を蓄えた新鮮な空気を取り入れる必要がある。この空気の入れ替えのことを換気という。

　コロナ対策では，電車，バス，商店などは窓やドアを開け，ウイルス・細菌が滞留しないよう換気，つまり空気の入れ替えを推奨した。

　家庭においても，通気口に加えて時間を決め，窓を開け，汚れた空気を積極的に外に出すよう指導した。

　人体に悪影響のある空気とはなにかについて理解させ，換気の必要性を学ばせたい。また，人体を守る室内環境を整える力を育てたい。

授業の展開　（1時間）

展開	学習活動
導入	**教師の発問**　（北側・南側など対面した窓を開けながら）皆さん空気を感じてみましょう。 目・耳・鼻・皮膚などからだで"空気の流れ"を感じる。（模型や絵・映像をみせる。）
展開1	シート1 ①換気とはどういうことか ①換気とは ②風の正体 ③通風は何を指すか。 ④室内の空気環境と調整 ⑤エアコンは換気できるか
展開2	②換気におけるコロナウイルス対策と熱中症対策 ①室内の温度と湿度 ②熱中症予防の基準
参考文献	南雄三　『通風トレーニング』（株）建築技術2014 厚生労働省　熱中症予防に留意した「換気の悪い密閉空間」を改善するための換気について 新型コロナウイルス厚生労働省対策本部2020.6.17 厚生労働省　熱中症による死亡者数（人口動態統計）2020.8.14閲覧

換気とはどういうこと

① 換気とはどういうことか

コロナ禍に換気を十分するようにいわれたが，換気とは何か説明できるようにしよう。

換気とは

酸素を含んだ新しい空気を取り入れて室内の汚れた空気を戸外に追い出す。

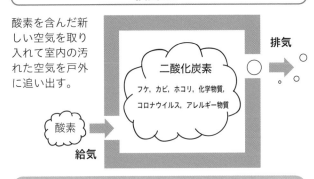

排気

給気

酸素

二酸化炭素

フケ，カビ，ホコリ，化学物質，コロナウイルス，アレルギー物質

> コロナウイルス感染対策で換気をすることが大事なのはどうしてか考えてみよう。

風の正体

温度差で起こる

温度の高い空気は軽くて，温度の低い空気は重い。軽くなった空気の下に重い空気が流れこんできて風ができる。

通風とは

通風は温度や気圧の差で開口部を通る風のこと。

涼しい

室内の空気環境とその調整

空気の状況	原因	空気を調整する方法		
空気汚染（よごれ）	呼吸・フケ・衣類や紙製品のほこり・繊維や布団から出るダニの死骸・人の活動・カビ・病原菌（ウイルス・アレルギー物質）の侵入・化学物質	空気の清浄	換気	通風・温度差換気
				換気装置
温度	外気温 調理・運動など	気温の調節	冷房	通風・温度差換気
				冷房機器
			暖房	通風・温度差換気
				暖房機器
湿度	戸外の湿度・調理など	湿度の調節	加湿	加湿器
			除湿	除湿器

エアコンは換気できるか

エアコン（冷房の場合）：室内の**暖かい空気を熱交換器で冷たい空気に換える**。空気は室内を循環するので**換気はしない**。

熱交換器

エアコン（暖房の場合）：冷たい空気を熱交換器で暖かい空気に換える。

② 換気におけるコロナウイルス対策と熱中症対策

新型コロナウイルス感染対策では，室内を冷暖房しつつ，換気をすることが望まれている。

室内の温度と湿度

熱中症で救急搬送の5割が室内で発生している。「換気の悪い密閉空間」を改善する換気と「室内の温度・湿度を下げる熱中症予防」を両立することは重要である。暑熱環境による熱ストレスに弱い高齢者，妊婦，肥満などにとっては重要である。

> 換気を加えた熱中症対策の工夫を考えてみよう。

熱中症予防の基準

熱中症による死亡者数（人口動態調査，人）

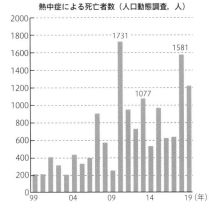

ビル管理法に定める空気環境の基準値；居室内の温度28℃，相対湿度70%
外気温が非常に高い時は，常時窓を少し開けて，連続的に外気を取り入れつつ循環式エアコンにより，居室における温度及び相対湿度の基準を維持する。

出典：厚生労働省「人口動態調査による人口動態統計」

組　　　　番　　名前

2 コロナの下での衣生活学習

特・高・大・社会人

テーマ設定の趣旨

　一時のマスク不足も解消し，現在ではマスクのデザインや機能性が語られることが増えてきた。また，趣味としてマスクを手作りすることも流行し，そのための材料や情報も大量に流通している。必要な物資が購入できなかったり，ステイホームで過ごしたりした時期を経て自分の手で作ることに関心が向いてきているように感じられる。

　そうしている間に夏を迎え，マスクの快適性が見過ごせない課題となってきた。快適性を考える以前の基本条件としてマスクの感染防止機能についての理解が欠かせない。

　また，消毒用アルコールをはじめとした消毒薬の品薄の下でいかにウイルスを消毒するかも大きな問題となった。「界面活性剤」という一般に使われることが少なかった用語がこれまでになく口に上るようになったのも今年の現象である。

　これらはもともと家庭科の衣生活単元の中で取り扱ってきた内容であるが，以前に増して正確な知識の必要性が高まっている。今年生徒のマスクへの関心は高く，加えてマスクを学習教材として使用することは，学習がすぐに実生活にフィードバックされる点でも望ましい。生徒がマスクを通じた衣生活学習をきっかけに科学的な知識の有効性を体感し，自分で考える態度を身につけてくれることを期待してこのテーマを設定した。

授業の展開　（3 〜 6時間）

1時間目 ▶ 布の種類とマスクの機能（シート1）1 〜 2時間

展開	学習活動
本時のねらい	布の構造について学習する中で，ウイルス感染に対するマスクの機能についても正しく理解させる。「布マスク」「不織布マスク」の性能の違いも構造・目の大きさの面からわかるようにする。
展開1	❶ ❷ 繊維-糸-布の関係について理解する。 繊維・布の組織を肉眼とルーペで観察する。繊維の細さを実感しておくことで③の学習につなげる。不織布の構造と機能について理解する。
展開2	❸単位の学習を通してウイルス等のサイズ感を実感する。 μm，nm等の単位を使えるようにする。
展開3	❹上記で学んだ知識を生かしてマスクの機能について考える。

2時間目 繊維の種類と衣服素材の性能（シート2）1～2時間

展開	学習活動
本時のねらい	衣服の着用感覚を繊維の成分や空気と水の性質から理解するなど，日常体験を言語化する経験を持たせることで生活を分析的・理論的に捉える姿勢を身につけさせる。プラスチックの使い捨て消費が加速した現在，繊維の生産・消費による環境負荷についても目を向けさせる。
展開1	❶主な繊維の材質と特徴について学習する。 衣料の大量生産・大量消費について，特に合成繊維の生産増加による環境負荷について学習する。
展開2	❷衣服素材の主な性能（保温性・通気性等）について学習する。 知識を生かしてマスクの性能について考える。
展開3	❸制服・マスクを例に繊維の特徴がどのように利用されているかを具体的に考えさせ，理解を確認する。

3時間目 洗剤のはたらき（シート3）1～2時間

展開	学習活動
本時のねらい	洗剤の成分と機能の学習を通して身の回りの化学物質や表示についての関心を高める。自ら調べることを経験することで，宣伝等を鵜呑みにしない批判力と態度を育てる。
展開1	❶❷洗剤の成分とはたらきについて学習する。 洗剤の成分表示をもとに配合剤について知る。界面活性剤について理解する。洗濯用洗剤の変遷・環境負荷について学習する。
展開2	❸菌・ウイルスの消毒に関する知識を学習する。 コロナウイルス・ノロウイルスの消毒方法について調べるとともに， 確定されていない情報との関わりかたについて考える。 有用常在菌について学習し，手指消毒により常在菌を失うリスクについても理解する。
展開3	❹衛生に関する言葉と制度について学習する。 除菌・消毒・殺菌・滅菌・抗菌，医薬品・医薬部外品等の用語の意味と商品の表示・販売に関する制度について調べる。 商品や宣伝に用いられる言葉等について調べてみたいことはないか考えさせる。

実践を終えて 　コロナ休業明けの新学期，家庭科のオリエンテーションを兼ねてコロナウイルスと社会の動きに関する実力テストを実施した。初めて教科指導する彼らが自分の体験をどのように理解しているかをあらかじめ知っておきたかったためである。3.11の経験から，生徒の現状理解には家庭の情報量や本人のリテラシーにより大きな差が生じることがわかっていた。

　テスト結果は予想通りであり，「自粛」の漢字が読めない生徒も数人いた。情報が得られないままの自宅待機は不安だったと思う。ひととおりの解説を聞いたあとで生徒が見せたほっとしたような笑顔が印象的だった。

　基本的には教科書に沿った通常の学習である。今年いつもと違ったことは誰もが授業の場でマスクを着用し，暑かったり肌荒れしたりという共通の解決すべき課題を抱えていたことである。例年は生徒の関心を引くために苦労する単元であるが今年はコロナに助けられて（？）活気ある授業を実現することができた。少人数であること・学習が本当に知りたいこととつながること・それぞれの手元に教材があること。本来当然であるべきことが達成されれば生徒は集中して学習してくれることを実感した1学期であった。

布の種類とマスクの機能

❶ 繊維から布へ

布をほぐすと，糸からできていることがわかる。糸を織ったり編んだりすると，平面状の布ができる。糸をさらにほぐすと細い繊維に分けられる。繊維は非常に細いので，曲がりやすくしなやかである。

◆繊維（羊毛・綿）を観察しよう。また，繊維を糸に紡いでみよう。気がついたことを記録しなさい。

- -

- -

❷ 布の種類

名称	織物			編物	不織布
	縦糸と横糸を交錯させて作る			連続した糸をからみ合わせて編み目を作る	繊維をからみ合わせたり接着したりして作る。
	平織	斜文織	朱子織		
特徴	表面が平らで均一	斜めの方向にうねが見える	表面がなめらかで光沢がある	曲線のループ（編み目）から成る	繊維の向きはランダム
組織					組織はない
性質・用途	糸が多く組み合わされるので丈夫。薄い織物・実用的な織物	平織よりもしなやかな布になるので太い糸で衣服を作るときに使われる。	ほつれやすく弱いため装飾的な衣服に使われる。	伸縮性が大きい。含気性が大きく保温性の高い衣服ができる。	通気性・フィルター機能等を与えやすい。安価な使い捨て製品
具体例					

◆ルーペで身の回りの布製品を観察し，上にあげた各種の布を探してみよう。

　見つけた具体例を上の表に記入しなさい。

◆身の回りの布製品をひとつあげ，布の種類を調べなさい。また，その種類の布が使われている理由を説明しなさい。

　布製品名（　　　　　　　　　）布の種類（　　　　　　　）

　理由

- -

- -

◆不織布が使い捨てマスクに使用される理由を説明しなさい。

- -

- -

- -

　　　　　　　　　　　　　　　　　　　　　　　組　　番　名前

3 世界を見るモノサシ　単位の関係を理解しよう

　指数表記は非常に大きな数・非常に小さな数を表記するのに便利なので，科学技術分野で多用される。

　非常に差のあるものの大小を比較するときは指数の違いに注目し，小さな違いは無視できる。

m （指数表記）	m （分数表記）	よく使う 単位	μm	具体例
10 m		mm	1/10 μm	ウイルス0.1 μm
10 m		mm	1 μm	大腸菌2 μm　飛沫5 μm ～
10 m		mm	10 μm	繊維　羊毛直径18 ～ 50 μm
10 m		mm	μm	糸　シャープペン芯500 μm
10 m	m	1 mm		釣糸　網戸の目1 mm　蚊5.5 mm
10 m	m	1 cm		ビー玉
10^{-1} m	1/10 m	10cm		リンゴ
10^0 m	1m	100 cm		2歳児の身長　窓枠幅0.9 m
10^1 m	10 m	1000 cm		家　シロナガスクジラ25 m
10 m	m	10000 cm		電車5両の長さ
10 m	m	1 km		○○高校→○○駅3 km
10 m	m	10 km		○○高校→○○市15 km
10 m		km		○○高校→○○県90 km
10 m		km		○○高校→韓国1500 km
10 m		km		地球の直径12700 km

◆上の表中に数字を記入し，表を完成させなさい。

◆ウイルスを10000倍すると蚊の大きさになる。繊維1本分の隙間を10000倍すると約10 cm。
　10 cmの目の網戸で蚊の侵入を防げるだろうか？

- -

4 マスクの機能について考えよう

◆マスクはウイルスの侵入を防ぐことができるだろうか？

- -

◆静電フィルターとはなんだろう

- -

◆マスクをするのは何のため？

- -

市販マスクの表示から

A社
ウイルス飛沫・花粉99％カット
特殊静電フィルターを使用。花粉・微生物・粉じんなどのミクロ粒子を電気的に捕集します。

B社
特殊ミクロフィルター採用
花粉・ホコリ・微生物の侵入を強力に防止

※ウイルスを含んだ飛沫の浸入を最小限にとどめる高性能のマスクとしてN95等がある。
※日本のスパコン「富岳」によるシミュレーションにより布マスクでも飛沫の飛散を70％程度減らすことができると発表された。(8月29日現在)

◆この単元を学習して考えたこと・疑問に思ったことを書きなさい。

- -

- -

繊維の種類と衣服素材の性能

❶ 主な繊維の種類と特徴

		名称	原料	繊維の例	特徴
天然繊維	a	繊維	植物の繊維	d	吸湿性・吸水性大 しわになりやすい 動物繊維は特に薬品・紫外線の影響・虫の食害を受けやすく，管理に配慮が必要である
	b	繊維	動物の毛・かいこの糸など 動物の繊維	e	
化学繊維		再生繊維 半合成繊維	植物の繊維を溶かしてから 再び繊維にする	f g	
	c	繊維	石油を原料としてつくる	h	吸湿性・吸水性小 しわになりにくい 熱で変形する 高温アイロン× 自由に形づくることができる

・繊維→糸→布→衣服の加工の過程でさまざまな性能が付け加えられる。
・化学繊維は繊維そのものを形づくることでその性質を変えることができる。

◆繊維の生産量が伸びている背景と影響について考えよう。

_____

_____

◆合成繊維の生産増加による環境負荷についてまとめよう。

_____

_____

図1　世界の主要繊維の生産推移

(100万トン)

合繊（4.9%）
(注)カッコ内は2007－2017年の年平均伸び率
綿花（0.4%）
セルロース繊維（6.0%）
羊毛

（出典：日本化学繊維協会「内外の化学繊維生産動向2017年」）

❷ 衣服素材の主な性能

A　保温性（熱を保つ性質）

　繊維と繊維の間に，流動しない静止した空気をたくさん含む素材は保温性が高い。

　例
_____

接触冷感：熱伝導率の高い素材は肌に触れた時に熱をすばやく奪うため，ひんやり感じる。

◆羊毛・発泡スチロールが温かい感触である理由を説明してみよう。

_____

_____

　熱の移動を止める性質を断熱性という。

熱伝導率：熱の移動しやすさを示す量

アルミニウム	221
鉄	84
大理石	2.8
板ガラス	1.0
乾燥木材	0.15
水	0.58
空気	0.024

空気は熱伝導率が非常に小さい物質である。

組　　番　名前

B 通気性（空気を通す性質）

組織が密で目の詰まった布，厚い布は通気性が小さい。

通気性が高い布は，からだのまわりの暖かい，湿度の高い空気を外界へ放出するため，暑い時には快適である。寒い時には通気性の低い布や衣服が快適である。

快適な衣服気候・・温度32±1℃　湿度50±10%

C 水分に対する性質

吸湿性：水蒸気を吸収する性質。　繊維により違いがある。

吸水性：繊維によっても異なるが，布の構造による影響が大きい。

　　　　タオルやメリヤスのように，綿のなかでも構造が密でなく，空間がある布は吸水性が大きい。

透湿性：水蒸気が布を通って移動する性質。

防水性：水を通さない性質。

　　　　快適さを求めて水は通さず水蒸気は通す素材が開発された。（透湿防水加工）

速乾性：すぐに水分を蒸発させ，乾く性質。水は蒸発するときに熱を吸収する。

◆マスクの通気性をテストしてみよう。

① マスクの上から口・鼻の周りを指で押さえ，肌とマスクの隙間をなくす。

② ①のようにしたとき，息苦しくなる場合はマスクの通気性が不足している。

③ 通気性が不足する場合，マスクを通さずに呼吸をしていることになる。

　　＝ 呼吸する空気をマスクでフィルターできていない。

◆マスクに必要な性能についてまとめよう。

----

③ 衣服材料の性能改善

衣服の例	繊維の種類 （組成表示）	操作	改善内容
ワイシャツ	ポリエステル65% 綿　35%	綿と合成繊維を混ぜて紡ぐ （混紡）。	綿の_____と合成繊維の_____性質を両立。
制服	毛　50% ポリエステル50%	毛と合成繊維を混紡。	毛の高級感と 合成繊維の安さ・丈夫さ・形態安定性を両立。
機能性 Tシャツ	ポリエステル100%	合成繊維を加工	・吸水・吸湿・肌触り・通気性の改善 ・速乾性 ・接触冷感/吸湿発熱等の機能を追加

◆衣服素材の性能について考えたことを書きなさい。

洗剤のはたらき

① 洗剤の成分とはたらき

界面活性剤

　洗剤の主成分である界面活性剤は，1つの分子の中に水になじみやすい「親水基」と油になじみやすい「親油基」の2つの部分を持つ。水と油のように混じり合わないものを，混ぜ合わせるのに役立ち，水の表面張力を低下させ，汚れを落とす洗浄のはたらきをする。代表的なものに石鹸（脂肪酸塩）がある。

> **洗濯用洗剤の成分表示の例**
>
> 界面活性剤(直鎖アルキルベンゼンスルホン酸ナトリウム)
> 工程剤(炭酸塩)　アルカリ剤(炭酸塩)　水軟化剤　漂白剤
> 蛍光増白剤　酵素

水の表面張力を低下させ，布に洗剤液が染み込みやすくする。

表面張力低下作用
浸透作用

界面活性剤の親油基が汚れの表面に吸着する。

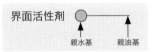
界面活性剤　親水基　親油基

界面活性剤が汚れと洗濯物との間に入る。

汚れは少しずつ水中に取り出され，細分化される。

乳化・分散作用

汚れが再び洗濯物に付着するのを防ぐ。

再付着防止作用

その他の洗剤添加剤

漂白剤： 　化学的にシミや汚れの色素，汚れ自体を分解する薬剤　ウイルス消毒に有効

　塩素系漂白剤（次亜塩素酸ナトリウム）　白無地衣料専用　混ぜるな危険　（次亜塩素水とは異なる）
　酸素系漂白剤（過酸化水素)塩素系よりも広い用途に使える（色柄物等）

蛍光増白剤： 　蛍光性能を持つ染料
　　　　　　白地のものをより白く見せるが薄色のものは変色する可能性がある

酵素： 　生物体内での物質合成・分解等の化学反応を進める物質
　　　　洗剤にはたんぱく質・脂質分解酵素などが添加されている。

② 洗濯用洗剤の変遷

　合成洗剤は洗濯機の普及と共に生産量が増加した。1980年代に発売されたコンパクト洗剤は界面活性剤の含有量を増やして洗剤の使用量を減らした。また，1960年代の後半には界面活性剤が生分解性のものに変わり，1980年代には無リン洗剤に変わるなど，環境への影響の少ないものに改善されている。

> 　生分解性の低い界面活性剤は廃水中で分解されずに残留するため，その使用量の増加に伴い，環境汚染，人体に対する安全性が問題となった。1965年以降，生物分解性の高い洗剤が開発された。なお，合成洗剤に多量に配合されているリン酸塩による湖や内海の富栄養化も問題となり，現在では家庭用合成洗剤のほとんどが無リン洗剤になっている。

> 　「赤潮（プランクトンの異常発生)」の原因の一つが合成洗剤に含まれる「リン」だと知った滋賀県の人々は，自分たちの力でびわ湖をきれいにしようと「リン」を含む合成洗剤をやめて粉石けんを使う「石けん運動」をはじめました。
> 　1978年に成立した「滋賀県琵琶湖の富栄養化の防止に関する条例」（琵琶湖条例）では，リンを含む家庭用の合成洗剤の使用の禁止や工場排水に含まれる窒素とリンの規制基準を定めています。（滋賀県HPより抜粋）

◆コンパクト洗剤を使用する際に注意すべきことを書きなさい。

_____

_____

_____

組　　番　名前 _____

③ 菌・ウイルスへの効果

◆次の用語の意味をインターネットで調べてみよう。

除菌	
消毒	
殺菌	
滅菌	
抗菌	

◆ノロウイルス消毒の方法を調べてみよう。

◆常在菌のはたらきを調べてみよう。

◆マスクの洗い方を調べてみよう。

界面活性剤でウイルスを消毒できるのか？

界面活性剤はエンベロープ構造を持つウイルスに対する抗ウイルス効果を持つと言われている。

検証試験により新型コロナウイルスへの効果が確認された界面活性剤が含まれている洗剤等の製品リストが公開されている。

NITE（独立行政法人製品評価技術基盤機構）『新型コロナウイルスに有効な界面活性剤が含まれている製品について』

すべての菌は悪者か？

体内や皮膚の常在菌には免疫や有害菌侵入を防ぐバリア効果を担うものもある。

例）腸内乳酸菌　表皮ブドウ球菌　他

---

④ 商品情報と規制

医薬品医療機器等法（旧薬事法）：医薬品・医薬部外品・化粧品・医療機器・再生医療等製品の品質・有効性・安全性を確保するために必要な規制や指定薬物の取り扱いなどについて定めた法律。

	名称		性質	使用できる表現
医薬品	病気の「治療」を目的	医療用医薬品	処方箋医薬品　医師の診察によって処方される医薬品 非処方箋医薬品	解熱・病気の予防等，身体への効能効果
		一般用医薬品 ドラッグストア等で購入可	1類　特に副作用のリスクが高いもの 2類　リスクが比較的高いもの　主な風邪薬・解熱鎮痛薬等 3類　リスクが比較的低いもの　整腸剤・ビタミンBC含有保健薬等	
医薬部外品	「防止・衛生」を目的		有効成分を含有するが，人体に対する作用が緩和で安全上特に問題がないもの 口中清涼剤・制汗剤・殺虫剤・ドリンク剤・薬用化粧品等	「薬用」・消毒・殺菌
化粧品	清潔・美化・魅力を増す等を目的		医薬部外品と比較してもさらに効能・効果が緩和	除菌・抗菌

・それぞれについて医薬品医療機器等法による規制が行われ，使用できる表現も制限されている。
　殺菌・消毒・薬用の語は医薬品・医薬部外品にのみ使用が認められている。
　CM表現では不当景品類及び不当表示防止法（通称景品表示法）等の規制を受ける場合もある。

◆身の回りの商品から「医薬品」「医薬部外品」を探してみよう。
　スキンケア商品のうち，医薬部外品となっているものを探してみよう。

◆身の回りの商品・宣伝について疑問に思ったこと・調べてみたいことを書きなさい。

テーマ 3 なぜマスクは高騰したか

テーマ設定の趣旨

　日本では，相手に感染をさせない為に，飛沫を防ぐマスクが有効であるとされた。また，無意識に口元を触ることを避けるためにも有効だということで，特に使い捨てマスクが売れ，在庫のない販売店や高額な値段で販売する業者等が増えた。

　使い捨てマスクはほとんど中国からの輸入に頼っていたため，中国で大きな感染がおこったこともあり輸入状況が悪化した。また，世界中で新型コロナウイルス感染がおこったことから，世界で使い捨てマスク需要が上昇し，更には最大の輸出国であった中国政府のマスク輸出緊縮政策，業者の転売目的の買い占めなどによる影響もあり，マスクを中心に様々な衛生商品の価格が高騰した。マスクの値段は，通常価格の10倍ほどに高騰したとも言われている。

　マスクに限らず，私たちは普段から多くのモノを輸入に頼っていたため，緊急事態に直面した時に，必要なモノが手に入らない，入りにくい状況に陥った。普段から，どのようなものを輸入に頼っているのかを知り，なぜそのような状況に陥っているのかについても考える機会を持ってほしい。

準備

タブレット端末など，情報を検索できるもの。教科書，ノート等。

授業の展開　（1時間〜 3時間）

展開	学習活動
導入	マスクや消毒液などの衛生用品が値上がりした状況などを思い出す。他にもどのようなものが値上がりしたり，手に入りにくくなったりしたか出しあう。
展開1	**シート1** マスクが品不足になった理由を考える。 ・多くの人が長期にわたって必要になり需要が増えたこと，買い占めがおきたことなど多面的に考える。 ・資料でほとんどが輸入に頼っていること，生産や輸出がほとんどが1国に偏っていることを知る。
展開2	**シート1** 世界の輸出入状況について知る。 輸入に頼りすぎる問題について考える。
参考文献	①経済産業省 https://www.meti.go.jp/statistics/tyo/syoudou/result-2/index.html（商業動態統計） ②https://www.meti.go.jp/policy/external_economy/trade_control/index.html（貿易管理） ③ジュニアアエラ（2020）朝日新聞出版

1 マスクは，なぜ売り切れたのだろう？

　コロナが流行した時，あちこちのお店からマスクが無くなった。たくさんの人たちがマスクを買うためにお店に並んだり，マスクが売っているお店を探したりしました。どうしてお店からマスクがなくなったのだろうか？

話し合ってみよう

- いつもより高くなっていた気がするよ。
- 世界中でマスクが足りなくなった，って聞いたけれど，どうしてかな?
- みんなが，長い時間マスクをするのだから不足するのはあたりまえ。
- 誰かが買い占めした。

2 日本と世界の関係を見つめよう

（1）図1や図2から分かったことは何か。

（　　　　　　　　　　　　　　　　　　　　　　　　）

（2）これらの図からはマスク不足の原因は何であることがわかるか。

（　　　　　　　　　　　　　　　　　　　　　　　　）

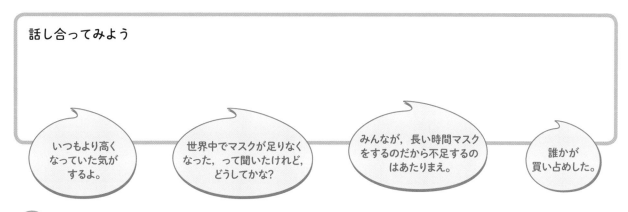

図1　マスクの国内生産と輸入の割合

図2　不織布マスク等繊維製品の輸出国シェア

出典「日本衛生材料工業連合会」調べ等

（3）世界のことを知ろう

　図3は工業製品の貿易図である。工業製品というと金属や機械をイメージされるかもしれないが，軽工業製品も含まれ食品や繊維に関する工業も含む。つまり，身の周りの多くのモノは工業製品であり，アメリカ・中国の輸出はダントツである。

図3　「世界の工場」といわれる中国

工場製品を製造し，世界各国に大量に輸出している中国輸出額は世界1位だ。輸入額の世界1位はアメリカだが，2位に続くのはやはり中国である。

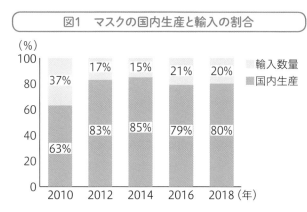
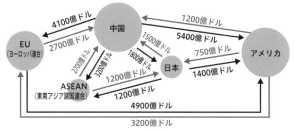

出典：ジュニアアエラ

話し合ってみよう

他国の輸出にたよっていると困ることもある。
どんなことがあるだろうか。話し合ってみよう。

組　　番　名前

4 免疫力をあげる発酵食品

テーマ設定の趣旨

病原菌に負けない体を作るために，生活リズムを整え，免疫の力を高めておきたい。

健康を保つうえで最も大切なのは食生活だ。そこで，発酵食品が免疫の力を高めるとして注目が集まっている。

みそや醤油，酢，みりんといった調味料，だしの材料のひとつである鰹節など，日本食の味には発酵食品が欠かせない。このように日本で発酵文化が発展したのには，海に囲まれていて塩が入手しやすかったこと，湿気が多くカビが発生しやすいため，麹菌などのカビを使った発酵が容易だったことなどが挙げられる。

小学校では，ご飯炊きとみそ汁づくりが必修となっている。みそづくりには，たくさんの微生物が関わっている。「みそ汁」を切り口に，発酵食品の良さを子どもたちと学び合いたい。

微生物，「菌」といえば汚いもの，除去すべきものとばかり捉えられがちだが，私たちはたくさんの微生物と共生している面もあることに目を向けさせたい。「微生物」「発酵」「免疫」といずれも目に見えない難しい内容だが，コロナ禍の今だからこそ，敢えて取り上げたいと考える。

授業の展開 （3時間）

展開	学習活動
導入，展開1	1 みそ汁は体に良い　シート1 (1) みそ汁は体に良いと言われるが，どうしてだろう？ (2) みそ汁の実にはどんなものを入れるか話し合おう (3) みその原材料は大豆・塩・こうじ。では「こうじ」って何？ 　　「発酵」について考えよう
展開2	2 みそ，そして発酵食品のいろいろ　シート2 (1) みそを詳しく知る (2) 発酵食品のいろいろ (3) 手前みそ
展開3	3 発酵食品と免疫の力　シート3 (1) 発酵食品は悪い菌が増えないように腸内環境を整えている (2) 免疫細胞の7割は腸にいる (3) 発酵食品は免疫細胞を元気にする (4) 免疫の力をもっと高めるために
参考文献	『免疫力―正しく知って，正しく整える―』藤田紘一郎著　ワニブックスPLUS新書（2016年7月発行） 『もっと知ろう！発酵のちから』小泉武夫監修　中居惠子著　ほるぷ出版（2017年3月発行） 「きょうから発酵ライフ」NHKテキスト　趣味どきっ！（2016年4月発行） https://hakkou.or.jp/about/farmentation/日本発酵文化協会

みそ汁は体に良い

（1）みそ汁は体に良いと言われるが，どうしてだろう。話し合ってみよう。

（2）みそ汁の具材（汁の実）にはどんなものを入れるかグループで上位5つを挙げ，発表しよう。

（3）次は，よく食べられるみそ汁の例です。具材はどんな点で体に良いだろうか。

（4）みその原材料は大豆・塩・こうじ。では，「こうじ」って何？
Aに入る言葉を考えよう。

「こうじ」は（A　　　　　　）の仲間。

（A）が生えたものを食べないのは，人間の毒になるものをつ
くるから。これを「腐敗」という。

（A）には食物を分解して人間の役に立つものをつくるものも
ある。これを「発酵」という。

「こうじ」のように，顕微鏡でないと見えない小さな生き物
のことを「微生物」という。微生物には，ウイルス，細菌・菌
類・原生動物などがある。

「発酵」に使われる微生物には，細菌のうち―乳酸菌・納豆
菌・酢酸菌，菌類のうち―カビ・酵母などがある。

> **発酵と腐敗の違い**
>
> 「微生物の作用で有機物が分解され，新しい物質が生成される」ということでは同じ現象。
>
> 有害　　有益
>
> 腐敗　　　発酵
>
> 人間にとって

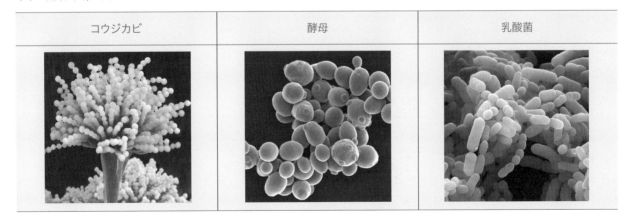

コウジカビ	酵母	乳酸菌

蒸した米にこうじを生やすと「米こうじ」，麦に生やすと「麦こうじ」，大豆に生やすと「豆こう
じ」という。

みそ，そして発酵食品のいろいろ

(1) みそを詳しく知る

《みその仕込み》 やわらかく煮てつぶした大豆に塩こうじ（こうじと塩を混ぜたもの）を混ぜ，みそ玉を作る。容器に隙間なく詰める。半年から1年かけて発酵させる。

参考 最近，家庭でみそづくりが手軽に行われ市販のキットもある。長期在宅などの時にトライしてみよう。

材料 黄大豆　500g
　　　　麹　　　500g
　　　　塩　　　200g

調理時間
大豆を水に浸してからやわらかく煮る時間を除いて約2時間半

① 大豆を洗って水に浸す　② 大豆を煮る　③ 大豆をつぶす
④ 麹と塩を混ぜる　⑤ 大豆と麹と塩を混ぜる　⑥ 容器に詰める

    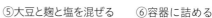

《みその発酵》にみえる自然科学の世界

[大豆（だいず）] ＋ [こうじ（コウジカビ）] ＋ [細菌（乳酸菌）（さいきん　にゅうさんきん）] ＋ [酵母（こうぼ）] ＋ [塩（しお）] ⟶ みそ

　みそは，実はコウジカビだけでなく，乳酸菌・酵母（自然界にある。あるいは材料として加えることもある）がリレー式に発酵に関わって，絶妙の味のみそができる。コウジカビは塩と混ぜた段階で死滅するが，コウジカビの作り出した「酵素」は残って働き続ける。

　消化酵素はたんぱく質やでんぷんなどの大きな物質を細かくするためのハサミのようなもの。

　アミラーゼという酵素は，米や麦のでんぷんを糖に分解し，プロテアーゼという酵素は大豆のたんぱく質をアミノ酸に分解する，糖が増えると乳酸菌が働きだし，乳酸などの酸を作る。酸性が高まると酵母が働きだし，アルコールを作る。酸やアルコールは味に深みを与える。

　科学を知らなくても人々は，経験的にそれを体得している。これが持続する食文化である。

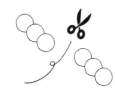

（酵素には他に糖分をエネルギーにかえるなど代謝に関わる代謝酵素もある。）

---

(2) 発酵食品のいろいろ

　下の図の中によく食べているが記入されていないものがある。相談して書き入れてみよう。

酵母は，アルコール発酵を行う菌類のひとつ。ビールやワインなどのアルコール飲料のほか，パンの製造の際にも用いられる

分解して作り出すものの名前が，その細菌に付けられていることが多い。例えば，納豆を作る納豆菌，乳酸を作る乳酸菌，酢を作る酢酸菌など

発酵に使われるカビには，麹菌や白カビ，青カビなどの種類がある

引用：誠文堂新光社「図解でよくわかる発酵のきほん」東京農業大学教授・館博 監修

(3) 手前みそ

　日本には「手前みそながら」という言葉がある。これは自分で自分を褒めることを謙遜も含めて用いられている。なぜ，このような言葉があるのか，想像し，話し合ってみよう。

　　　　　　　　組　　番　名前

発酵食品と免疫（めんえき）の力

(1) 発酵食品は，悪い菌が増えないように腸内環境を整えている

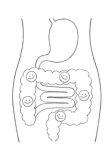

　腸（小腸と大腸）にはたくさんの細菌が住んでいて，私たちといっしょに生活している（腸内細菌という）。腸に住んでいる乳酸菌やビフィズス菌は酸を作り出して腸内を酸性にし，ガスや毒素を作る悪い菌が増えないように腸内の環境を整えている。

　発酵食品に多く含まれる乳酸は，腸に住んでいる乳酸菌やビフィズス菌を元気にする力がある。また腸内を酸性にするのを助ける。発酵食品に含まれる食物繊維は腸内細菌のえさになる。

(2) 免疫細胞の7割は腸にいる

免疫細胞は病原体を攻撃したり，
食べて消化したりする。

　体にはもともと，ウイルスや細菌などの病原体や異物（自分の体と違うもの，ガン細胞なども含む）をやっつける働きがある。それを「免疫」という。

　様々な免疫細胞がチームプレーで戦う。血液中を流れる免疫細胞を白血球という。異物を見つけるとすぐに食べてとかしてしまう細胞や，血管やリンパ管の中を回ってパトロールし，病原体を破壊する細胞などがある。

　腸は，口で体の外とつながっているので，食べ物だけでなく，いっしょに病原菌やウイルスなどが常に入り込んでくる危険性のある場所だ。そこで腸には，体中の免疫細胞のおよそ7割が，栄養や水分を吸収する腸の壁のすぐ内側に密集して，外敵の侵入に備えている。だから，腸内環境が大事なのである。

(3) 発酵食品は免疫細胞を元気にする

　腸にいる免疫細胞は，乳酸の刺激で活動が活発になることがわかっている。

　野菜や穀物など植物性の食品を発酵させたみそ・しょうゆ・納豆・漬物・韓国のキムチ・ドイツのザワークラウト（キャベツの漬物）などに含まれる乳酸菌（植物性乳酸菌）や，納豆の納豆菌は，強い胃酸にも負けず生きたまま腸に届く。腸まで届いた植物性乳酸菌や納豆菌は，免疫細胞を刺激して活動を活発にする。ヨーグルトなど主に乳を発酵させた動物性乳酸菌は，胃酸に弱く腸に届かずに死んでしまうが，死んだ乳酸菌も免疫細胞を刺激したり，腸内細菌のえさになったりして，腸内で乳酸などの酸を増やすのに役立つ。

　元気で長生きしている高齢者は，納豆，みそ汁，漬物，キムチ，ヨーグルトなどの発酵食品を好んで食べているといわれている。

(4) 免疫の力をもっと高めるために

　ここまで，免疫細胞と発酵食品の関係をみてきた。免疫細胞の力を発揮させるには，腸内環境をよくする他に，体調全体を整えておくことが必要だ。体調を整えるために必要だと思うことを挙げてみよう。

①

②

③

テーマ 5 プラスチックごみを減らそう

テーマ設定の趣旨

　新型コロナウイルス感染症の流行で，デリバリーやテイクアウトの需要が高まり使い捨てプラスチック容器が増えた。また，マスクなどの衛生用品の需要が増加し，医療分野では，防護服もフェイスシールドも医療用手袋もすべてプラスチックの使い捨てなので，プラスチックの需要は，様々な場面で高まっている。

　安くて軽くて加工も容易なプラスチックは，今の私たちの生活にはなくてはならない人工素材である。しかし，自然の中にポイ捨てされたりすると，なかなか分解されないこともあって環境中に残り続ける。特に最近は，プラスチックごみによる海洋汚染が注目されており，2019年に大阪で開かれたG20サミットで海洋ゴミ削減目標が示された。それを受けた環境問題解決に向けた取り組みの一環として，レジ袋削減のため2020年7月からレジ袋有料化が始まった。

　使い捨てプラスチックの削減は世界の潮流である。マイバッグを持って買い物に行くという身近な取り組みから，プラスチックごみそのものを減らす生活や産業・経済の仕組みを考えたい。

授業の展開 （1時間〜2時間＋マイバッグ製作4時間）

展開	学習活動
導入・展開1	シート1 ❶新型コロナウイルス感染症感染予防対策で増えたプラスチックごみ ❷増え続けるプラスチックごみ
展開2	シート2 ❸広がるプラスチック汚染 マイクロプラスチック
展開3	シート3 ❹プラスチックごみを減らすための取り組み サーキュラー・エコノミー
展開4	シート4 ❺レジ袋の有料化（2020年7月から） ❻傘布を使ってマイバッグを製作しよう　　傘布を使ったマイバッグの作り方
参考文献	NHK NEWS WEB「コロナでごみが増えました」（2020.9.8） https://www3.nhk.or.jp/news/html/20200908/k10012606851000.html 枝廣淳子「プラスチック汚染とは何か？」岩波ブックレット（2019） 朝日新聞「もっと知りたい プラスチックごみ①」（2019.4.15） 朝日新聞環境教育プロジェクト「地球教室」こどもECO検定公式テキスト（2020）

実践を終えて 　傘布から作るマイバッグの製作は15年位前から実践しているが，学校再開後の2020年7月のレジ袋有料化を受けて，改めてプラスチックごみについて考えてみた。使い捨てプラスチックの削減が世界の潮流にも関わらず，新型コロナウイルス感染症の流行により，むしろプラスチックごみが増えている現状を知った。マイバッグの製作・使用は，石油資源の節約という視点から，海洋プラスチック問題の解決という視点に移っている。マイクロプラスチックについての学習を受けて，傘布マイバッグの製作後は，麻や綿のひもで編むエコたわし作りに取り組んだ。これらの学習のまとめと作品を文化祭に展示して，全校生徒に発信することができた。身近な取り組みから，社会や経済とのかかわりを意識した学習を大切にしていきたい。

1 コロナでプラスチックごみが増えた!?

2020年4月〜7月までの4か月間に家庭から出たプラスチックごみは，前の年に比べて急増した。どのようなごみが増えたのだろうか。

家庭から出たプラスチックごみ

札幌市 9.3%↑
広島市 6%↑
福岡市 5.6%↑（プラ含む可燃ごみ）
仙台市 8%↑
東京23区 6.4%↑（プラ含む可燃ごみ）
大阪市 12.5%↑
名古屋市 7.3%↑
(4〜7月)(前年同期比)
出典：NHK NEWS WEB「コロナでごみが増えました」

　新型コロナウイルス感染症の流行で，外食を控えてデリバリーやテイクアウトを頼んだり自宅で調理する"巣ごもり"の影響で，弁当や惣菜の容器，肉や魚のトレーといったプラスチックごみが増えたとみられている。衛生面を重視して，商品を個包装したり，客が持ち込んだ容器を利用するのを断る飲食店もある。また，マスクなどの衛生用品の需要が増加したり，医療分野では，防護服もフェイスシールドも医療用手袋もすべてプラスチックの使い捨てなので，プラスチックの需要は，様々な場面で高まっている。

　新しい生活様式の中で増えるプラスチックごみ。国民1人当たりのごみ処理事業経費は増加傾向にあり，2018年度は年間で1万6400円（環境省）。プラスチックごみの増加は，コロナ対策費用に加えさらなる出費となり，自治体の財政を悪化させかねない。

2 増え続けるプラスチックごみ

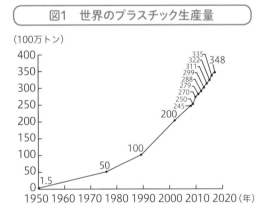

図1　世界のプラスチック生産量

（100万トン）

335 322 311 299 288 279 270 250 245 200 100 50 1.5
348

1950 1960 1970 1980 1990 2000 2010 2020 (年)

世界のプラスチック生産量と容器包装プラスチックの廃棄量のグラフを見て，どんなことがわかるだろうか。

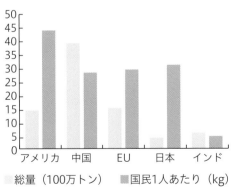

図2　各国の容器包装プラスチックの廃棄量

アメリカ　中国　EU　日本　インド
▢ 総量（100万トン）　▢ 国民1人あたり（kg）
出典：「プラスチック汚染とは何か」

　1950年に150万トンだった世界のプラスチック生産量は，2017年には3億4800万トンへと230倍以上に増えている。さらに，今後20年で現在の生産量の2倍になると予想されている。

　容器や包装に使われるプラスチックは使い捨てられることが多いため，廃棄物になりやすく，プラスチック廃棄物全体の約半分を容器包装プラスチックが占めている。日本人1人当たりのプラスチック容器包装の廃棄量は年間約32kgで，アメリカに次いで世界2位となっている（国連環境計画（UNEP）2018年報告書より）。

組　　番　名前

③ 広がるプラスチック汚染

　安くて軽くて加工も容易なプラスチックは，今の私たちの生活にはなくてはならない人工素材である。しかし，自然の中にポイ捨てされたりすると，なかなか分解されないこともあって環境中に残り続ける。特に最近は，海洋プラスチックごみ問題が注目されており，2019年に大阪で開かれたG20サミットで海洋ゴミ削減目標（大阪ブルー・オーシャン・ビジョン）が示された。

海洋プラスチック問題とは，どんなことだろうか。知っていることをあげてみよう。

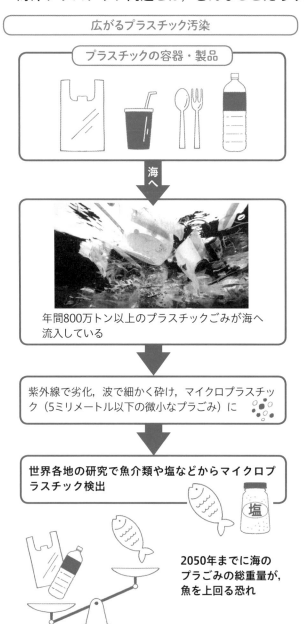

年間800万トン以上のプラスチックごみが海へ流入している

紫外線で劣化，波で細かく砕け，マイクロプラスチック（5ミリメートル以下の微小なプラごみ）に

世界各地の研究で魚介類や塩などからマイクロプラスチック検出

2050年までに海のプラごみの総重量が，魚を上回る恐れ

2016年の世界経済フォーラム（ダボス会議）報告書から
出典：朝日新聞「もっと知りたい　プラスチックごみ①」

　プラスチックごみが海に流れると，分解されず，ウミガメや魚介類などの海洋生物が餌と間違って飲み込んでしまったり，プラスチックごみに絡まって身動きがとれなくなって餌を食べられなくなり死んでしまうことがある。また，大量のプラスチックごみが沿岸や海底に存在している状況は，その場所を生息地としている多くの生物に破壊的な影響をもたらす。

　ここ数年，深刻な問題としてわかってきたのが，マイクロプラスチックごみである。すでに魚や海鳥などの生き物たちの体内や人間の便からも見つかっている。マイクロプラスチックが有害物質を吸着して魚介類に取り込まれ，食物連鎖で人間を含む多くの動物に悪影響を及ぼす恐れがあると指摘されている。

　2016年の世界経済フォーラム年次総会（ダボス会議）では，少なくとも世界で年800万トン以上のプラスチックが海に流出しており，2050年までに海中のプラスチックの総重量が「世界中の魚の総量を超える」と警告している。

　経済への影響も大きく，漁獲量の減少のみならず，漁船や漁具の破損などの損害が生じている。また，海岸を清潔に保ちプラスチック汚染を除去するための予算も増やす必要がある。

小さくなってもなくならないごみ，マイクロプラスチック

　海に流れ込んだプラスチックごみが紫外線で劣化し，波の力などで細分化され直径5ミリメートル以下の微小な粒となったものを「マイクロプラスチック」という。分解されるまでに数十年から数百年かかるとされ，広大な海に漂うマイクロプラスチックの回収は不可能に近い。ちなみに，1枚のレジ袋から，数千個のマイクロプラスチックができるといわれている。また，歯磨き粉や洗顔料に入っているマイクロビーズも，海に流出している。

　　　　　　　　　　　　　　　　　　　　　　　　　　　組　　　番　　名前

4 プラスチックごみを減らすための取り組み

G20大阪サミット（2019）にて共有された，海洋プラスチックごみによる新たな汚染を2050年までにゼロにすることを目指す「大阪ブルー・オーシャン・ビジョン」を実現するためには，回収・リサイクルなど適切に処理されることはもちろんだが，プラスチックごみそのものを減らす取り組みが必要である。今，世界では，レジ袋や食器などの使い捨てプラスチック製品を使う量を減らそうという動きが広がりつつある。

東京湾でごみを回収する清掃船。船内にたまったごみの多くはプラスチックごみ。
出典：朝日新聞環境教育プロジェクト「地球教室」

プラスチックごみを減らす取り組みを，4つの視点から具体的にあげてみよう。

使い捨てプラスチック製品を使わない	プラスチック以外の素材に代える

リデュース・リユース・リサイクル （減量化・再利用・再資源化）	プラスチックの分解・処理の技術開発

経済・産業政策の推進

日本では，プラスチック問題は「ごみ問題」「環境問題」という認識が主流である。しかし，欧州議会（EUサーキュラー・エコノミーパッケージ2015）では，サーキュラー・エコノミーの目的を「製品と資源の価値を可能な限り長く保全・維持し，廃棄物の発生を最小限化することで，持続可能で低炭素かつ資源効率的で競争力のある経済への転換をはかる」としており，経済・産業政策としての位置づけである。日本でも，容器包装に限らずプラスチック製品の使用を抑制するとともに，ごみ・汚染を出さない設計・製造を行い，再生原料の利用を促進するなど，私たちの日常生活や産業活動の隅々にまで行きわたっているプラスチックそのものを経済や社会の中でどう位置づけるか，という本質的な考えや枠組み作りが求められる。

> **サーキュラー・エコノミー**（循環型経済）
>
> サーキュラー・エコノミーとは，従来の「Take（資源を採掘して）」「Make（作って）」「Waste（捨てる）」という直線型経済システムのなかで活用されることなく「廃棄」されていた製品や原材料などを新たな「資源」と捉え，廃棄物を出すことなく資源を循環させる経済の仕組みのことを指す。エレン・マッカーサー財団では，ごみ・汚染を出さない設計，製品と原材料を捨てずに使い続ける，自然の仕組みを再生する，という3原則を挙げている。

組　　番　名前 ＿＿＿＿＿＿＿＿＿＿＿＿＿＿＿＿＿

5 レジ袋の有料化

　海洋プラスチック問題や地球温暖化などの状況をふまえて，環境問題解決に向けた取り組みの一環として，レジ袋削減のため2020年7月からレジ袋有料化が始まった。対象となるのは，持ち手のついたプラスチック製の買い物袋で，有料化することで，プラスチックの使い過ぎをおさえるだけでなく，本当に必要か考え，私たちの生活を見直すきっかけになることを目的としている。

レジ袋の有料化後，あなたはどのような対応をしていますか？

6 傘布を使ってマイバッグを製作しよう

　有料化前の推定で，レジ袋は1年間450億枚配布されていた。レジ袋はプラスチック（ポリエチレン）製で，石油に換算すると日本の標準的タンカー2隻分に相当する。マイバッグでの買い物で，エネルギーの節約・使い捨てプラスチックの削減になる。

　壊れた傘をごみに出す時には，傘布（燃やすごみ）と骨（小さな金属）を分けて出すことになっており，ごみとして捨てられる傘布を使ってマイバッグを作ることは，意義がある。その上，傘布は薄くて軽くて防水性があるので，食品用の買い物袋にぴったりである。

日本の標準的
タンカー2隻分

傘を使ったマイバックの作り方

①傘の付け根の部分を切り，柄の方に引き抜いて，布をはずし，先のキャップを布を切らないようにはずす。

②8枚 はぎ の布を2等分（袋部に4枚分使う）に切る。残りのうち2枚は持ち手用。

③袋部用の布を中表にして二つに折り，端から端まで縫う。

④傘留めを中心に布面を折り変え，底になる部分を三つ折りにして端から端まで縫う。

⑤上部の両サイドから横約10cm縦20cmのところを縫う（袋の形を整える）。

⑥図のように持ち手を作る。両端から内側に折ってアイロンをかけ，ステッチをかける。

⑦袋の口の部分に，持ち手をしっかり縫いつける（約15cmあける）。

⑧表に返してできあがり。折りたたんで傘留めで留めれば，コンパクトにしまえる。

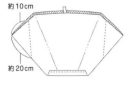

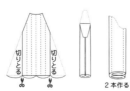

組　　　番　名前

識者は語る

"壊しては入れ替える"生命に学べ 持続可能な組織や社会は 「動的平衡」である

福岡伸一氏

生物学者。青山学院大学教授，米国ロックフェラー大学客員教授。1959年東京生まれ。『生物と無生物のあいだ』（講談社現代新書），『動的平衡』（小学館新書），『世界は分けてもわからない』（講談社現代新書）ほか，「生命とは何か」を分かりやすく解説した著書多数。『生物と無生物のあいだ』はサントリー学芸賞を受賞し，ベストセラーとなった。

撮影／阿部雄介

遺伝子を解明しても わからなかった「生命」の正体

「生命のしくみは，その構成部品である遺伝子をすべて発見し，読み解くことができれば解明されるはずである」。この仮説のもと，これまで，新たな遺伝子を発見し，遺伝子の"カタログ"を完成させてきた。ところが，すべての遺伝子を発見してわかったのは「遺伝子のことがわかっても『生命とは何か』の答えはまったくわからない」ということだったのである。そこで私が注目したのが，時間の中で分解と合成をくり返す，その矛盾の上に生命が成り立っていること。ここから私は，生命を「動的平衡」として捉えるコンセプトにたどり着いた。

生命とは，遺伝子のことでもなければ細胞のことでもない。絶え間なく分解と合成をくり返しながらバランスをとることである。これが動的平衡の考え方である。重要なのは，分解と合成は同時に起こるのではなく，常に「分解」の方が少しだけ先回りして起きていること。自分で細胞をどんどん壊す。壊し続けることで安定しているのが「生命」なのである。

問1　なぜ私たちは，自分自身を構成する分子を絶え間なく入れ替えているのか？

宇宙には「エントロピー増大の法則」という大原則がある。形あるものは崩れ，光っているものは錆び，「整った状態」は「乱雑な状態」の方向に動く。一年もすれば，あなたを形作っていた分子や原子は，あなたの中からはほとんどいなくなってしまっている。それでも見かけ上，あなたはあなたであるように見える。ジグソーパズルでたとえるなら，全部のピースが一度にごっそりと入れ替わるのではなく，

他のピースとの関係性を保ちながら細胞が一つひとつ入れ替わっているからである。全体的な絵柄はそれほど変わらずに，ピースを絶え間なく交換している。この状態が「動的平衡」。

問2　法隆寺と伊勢神宮，どちらが「動的平衡」？

この動的平衡の視点で世界を眺めてみると，あらゆるものが「生命的」に見えてこないだろうか？私たちが暮らす社会や，織り成す時代の移り変わりなど，さまざまなものを生命の立場から読み解くことができるはずである。

壊すことを想定した しくみが「持続可能性」のカギ

日々自分自身を壊し，作り替えている生命。自分の秩序を保つために，生命はそもそも"壊しやすい"しくみになっている。長持ちするためのしくみ，というと，あらかじめ完璧な設計図を引き，頑丈に作っておく方がいいと思うかもしれない。しかし，生命の姿は真逆である。あえて自分自身をゆるく柔らかく作ることによって，部分的に壊しては入れ替え続けることを可能にしている。

サスティナブル（持続可能）であるためには，あらかじめ，"壊し，入れ替え続ける"ことを想定したしくみを作らなければならない，ということだと思うのである。組織も，建築物も，都市も，社会も同じである。完璧なものを作るのではなく，一度にすべて入れ替えるのでもない。パズルのピースを取り替えるように，日々破壊しては入れ替えていくことができる，柔らかなしくみの設計が「持続可能性」のカギではないだろうか。

江戸の暮らしとSDGs

江戸の暮らしは循環型社会の先駆けである。自然に負を与えない生活は今に始まったわけではない。すでに実践した社会があったのだ。

江戸の暮らしからみえる循環型社会

江戸の昔に行われていたエコな循環型社会について知る人は少ない。誰もが知ることとなれば，現代社会ももっと環境を考える社会になるだろう。生活で取り組む環境問題を様々な場面で関連させ，国際連合はSDGsの17の目標（ゴール）をまるで新しい考えのように取り上げるが，日本人が昔から大事にしてきた「もったいない」という概念に共通するものが多くある。生活の視点で考えると，これは，江戸の暮らしで日本人が実践してきたことに他ならない。生活様式の変化から，これを現代にそのまま活かすことはできないが，明らかに不要で処分してしまうものが人に有益をもたらす例として，興味深いことがいくつかある。江戸のトイレ事情を例に挙げると長屋のトイレからくみ出した糞尿は高く肥料として販売できた。畑の広がる郊外まで江戸の町からでる糞尿を輸送して活用し，江戸の町を清潔に保つことにもつながる循環型社会の仕組みがあった。個人宅でも，農家に糞尿を取りに来てもらい，大根などの野菜と交換する約束をしていた。

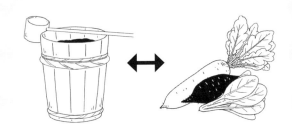

野菜と交換

衣服に関しては，浴衣が代表的である。江戸の暮らしでは普段着だった浴衣をおさがりで着回した後，おしめや雑巾にしていく。その雑巾をさらに裂き，座布団などの綿代わりに使う。最後はかまどで煮炊きする燃料となる。現代のTシャツでもおさがりや雑巾への転用をしてから廃棄したいものである。

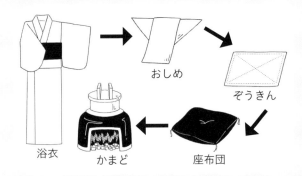

おしめ　ぞうきん　浴衣　かまど　座布団

浴衣を雑巾へ

食に関することでは，現代でもわずかに食生活として残っているぬかみそ漬けがある。精米する時にできる不要なぬかに塩を加えてぬか床を作り，野菜のくずや干した果物の皮などと一緒に野菜を漬け込むことで，うまみや栄養価を増す。食事を作ったかまどの灰は，油汚れもよく落とす洗剤代わりになり，畑の土壌改良に欠かせない。かまどの灰で洗ったときの水は，洗剤と違って生態系を乱すような川の汚染はないし，化学肥料のような作物への影響もない。食品ロスや大量生産大量消費の末，自然を破壊しかけている現代とはかけ離れた暮らし方である。一人一人が身の周りの小さなことに気を配り，ものを大事にすることを意識したいものである。

参考文献

https://www.asahibeer.co.jp/csr/eco/seminar/51.html220/09/01「なぜ江戸は循環社会だったか？　江戸の循環システムを今の問題として考える」　田中優子

大江戸探検隊　高倉昌弥監修『大江戸暮らし』PHP研究所　2003年

公益財団法人日本ユニセフ協会　浦城『知っていますか？SDGsユニセフとめざす2030年のゴール』さ・え・ら書房　2018年

第4章

情報への向き合い方

（本章と関連するSDGs　16,17）

自分自身が信じている情報や
メディアに向き合っている？

6 なぜフェイクニュースを信じるのか

テーマ設定の趣旨

「新型コロナウイルス感染症に関する情報流通調査」によると，95％以上の人が平均して1日に1回以上，2割程度の人は1日に10回以上，新型コロナウイルス感染症に関する情報やニュースを見聞きしている。そして，およそ4人中3人が間違った情報や誤解を招く情報に触れていた。これらの人のうち，「正しい情報である」等と信じて共有・拡散したことがある人の割合は35.5％にもなり（全体でみても19.5％），知らない間に間違った情報を発信する側になってしまう危険性は高い。

これらの間違った情報や誤解を招く情報，あたかも真実又は真偽不明の情報に触れる機会としては，SNSなどの自由に発信しやすいメディアである可能性が高かった。新型コロナウイルス感染症に関する情報以外でも，普段からフェイクニュースに触れたり，それらの情報を信じて拡散させたりする可能性は高い。この調査では，特に若い年代ほど，間違った情報や誤解を招く情報を信じてしまったり拡散してしまったりした割合が高い傾向が明らかになっている。

報告書では，政府が発信する情報の信頼性が高いと書かれているが，私たちは本当にそう思っているのか。なぜ，信じて活用しない（できない）と考えるのか，それらの理由を話し合うことで自分自身が信じている情報やメディアについて向き合ってほしい。

授業の展開 （2時間〜4時間）

展開	学習活動
導入	新型コロナウイルス感染症に関する情報に毎日どの程度触れていたか，どのメディアから情報を得ているか等，それぞれ思い出したり，共有したりする。
展開1	コロナ禍の中の情報判断　　シート1 ・様々な情報が現れたが，それらの情報が真実かフェイクか，理由を示して各自が判断し，話し合う。 ・デマ，フェイクニュースに惑わされないようにするには，どうすれば良いか考える。
展開2	情報を共有・拡散する心理をみつめる　　シート2 　総務省（2020）「新型コロナウイルス感染症に関する情報流通調査」を参考に，なぜ，共有・拡散するのか，考えさせる。 誤情報拡散後に起きることを想像する。
展開3	取り上げる視点が異なる情報とその理由　　シート3 　2社の新聞記事を比べてみる。Go Toトラベルのニュース（ほぼ同じ時期）。 　観光地である沖縄の新聞と，日経新聞では，取り上げ方が違う。 　読んだ印象や，なぜ取り上げる内容が異なるのかを考えてみる。
参考文献	①総務省：新型コロナウイルス感染症に関する情報流通調査（公表資料） ②総務省：プラットフォームサービスに関する研究会（最終報告書）「インターネット上のフェイクニュースや偽情報への対応」 ③FIJ：ファクトチェック・イニシアティブWebサイト，チェック済み情報まとめ

コロナ禍での情報判断をふり返る

1 そのコロナの情報は真実？　デマ？

あなたが耳にしたことがある新型コロナウイルス感染症についての情報について思い出してみよう。以下は流されていた情報の例である。

(1) あなたはこれらの情報をどう思った（う）か。またそう判断した（する）理由は何か話し合ってみよう。

①深く息を吸って，10秒我慢するとコロナに感染しない。

②新型コロナウイルスは熱に弱く，26 ～ 27℃のお湯を飲むと殺菌効果がある。

③日本人は清潔好きなので，新型コロナウイルスには感染しにくい。

④PCR検査が多い国の方が，死亡者数が多い。

(2) 下図は，流されてきた情報について，「本当」か「嘘」を確かめる行動をとった若者の割り合いを示している。あなたはそのような行動をとった人が多いと思うか，少ないと思うか。

15-18歳　複数回答

問い合わせ先・調べたツール	％
テレビの報道で確認	45.9
政府（厚生労働省・自治体へ確認など）	30.2
SNSで違う意見をさがした	25.1
家族・知人・同僚などに聞いた	21.0
検索サービスでいろいろな意見をみた	16.6

総務省「新型コロナウイルス感染症に関する情報流通調査」（2020）

発信者が信頼できる人物か調べた人も15％と報告されていて，高い

2 デマとはなにか

(1) 1の(1)(2)から以下のことをまとめてみよう。

・デマとはどういうことだろうか。
・デマを簡単に信じないようにするにはどうしたら良いか。

参考　デマの心理そしてデマの悪行

デマとは「意図的に作られた害をもたらす嘘の情報」である。デマの発信者の心理は，そのデマを流すことで人々が自分のいう通りに行動するのをみて優越感を感じる「愉快犯」や，混乱するのをみて自分のストレスを発散する心理がある。

しかし，デマについてはもう一つの負の側面を理解しておくことは非常に重要である。社会的に不安なできごとがおきたり，その原因が不明の時に，誰かに原因を求め，その人を糾弾し殺りく（多数を殺す）が行われてきたということである。

ペストのパンデミックで起きたこと（14世紀半）

ネズミが媒介するペスト菌による感染症のパンデミック（世界的大流行）で世界の人口の約20％の人が亡くなった。その中で，ユダヤ人が井戸に毒を撒いたからとデマが飛びかい，ユダヤ人の迫害・虐殺が行われた。人々の不安が高まると集団が平常心を失いデマを信じてしまう例は歴史上，多々起きている。

組　　　番　名前

53

情報を共有・拡散する理由を考えてみよう

❶ 情報を共有・拡散する理由

　新型コロナウイルス感染の流行については，多くの情報が出回りました。その中には真実のデータもありましたが，事実ではない情報も多くありました。事実ではない情報も，たくさんシェア（共有）され，拡散されました。

　図1は総務省（2020）が調査した「新型コロナウイルス感染症に関する間違った情報や誤解を招く情報を共有・拡散した理由」をたずねた結果です。

図1　間違った，誤解を招く情報を共有・拡散した理由		
	項　目	％
役に立つと思った	A情報が正しいと信じ他の人に役立つ情報と思った	36.0
	B情報の真偽は分からなかったが他の人に役立つ情報と思った	22.7
興味深かった	C情報の真偽に関わらずその情報が興味深かったから	32.7
	D情報の真偽に関わらず流行っている話題だったから	13.6
注意喚起	E情報の真偽は分からなかったが誤解を招く可能性があることの注意を喚起しようとおもったから	19.4
	その他	7.1

総務省「新型コロナウイルス感染症に関する情報流通調査」(2020)より著者作成

> あなたは，情報を拡散・共有した経験が（　ある　／　ない　）
>
> あなたの場合A〜Eどの項目に近いか。その他の場合はどんなことか。
>
> A〜Eの中で問題を感じた項目の有無。その項目と理由は何か。

❷ 発信後がどうなるかを想像する

　普段自分が出す情報は，家族や友人など周囲の人に言葉で話すことが多いが，今では，情報技術が進歩し，SNS（LINE，Twitterなど）を利用すれば，多数の人に情報の発信ができる。後者は，多くの人に伝わりやすく言葉通りに「拡散」される。便利だが，それにより間違った情報を流されて嫌な思いをした経験者も多く，中にはSNSでいじめを拡散している例も聞く。情報発信する時は，発信した後の影響を想像する力が必要となる。

> コロナウイルス，またはコロナウイルス禍の社会に関して事実ではない情報が共有・拡散されると，どういうことになると思うか。どのようなことで困ったり，どのような問題が起きたりするか。話し合ってみよう。

　　この人・モノ・国が原因でコロナ感染が広まった，という情報を聞いたらどうなるだろう。

　　「これさえしておけば，コロナに感染しない」という情報をみた人はどうするだろう?

　　「●●がお店の売り場から無くなる」という情報が出回ったらどうするだろう?

　　「コロナは重症になることは滅多にない」という情報を聞いたらどうするだろうか。

組　　　番　名前

新聞記事の情報を見比べてみよう

　同じニュース（情報）であっても，メディアによって報道の仕方が異なります。次の同じ頃に出された「Go To トラベルキャンペーン」についての新聞の記事を読み比べてみて，それぞれどんな印象か，そして報道の内容がなぜ違うのか話し合ってみましょう。

**検査希望者が病院に駆け込むケースも
観光客増で救急外来の殺到を懸念
沖縄県内の病院「24時間の検査所設置を」**

　政府が国内旅行代金の一部を補助する観光支援事業「Go To トラベル」が7月22日から始まった。23日からは4連休が始まり，多くの観光客の来県が見込まれる。来県中の観光客が体調を崩し，新型コロナウイルス感染症の検査を受けるため，病院の救急外来への問い合わせや駆け込みが増える可能性もある。県内の病院は危機感を強めており，県に対し，24時間PCR検査に対応できる場所の設置を求める声も上がる。

　本紙の取材によると，18日と19日の土日に県内の病院の救急外来には，体調を崩した観光客からPCR検査を受けたいという問い合わせが寄せられた。検査の受診希望者が病院に駆け込むケースもあった。この病院は，保健所や一般の医療機関を通す必要があるとして検査を断った。病院の担当者は「観光と感染防止策を両立したいなら，県は24時間検査対応できる場所を設置するなど，きちんと対応すべきだ」と要望する。
　　　　　　　　　　（琉球新報　2020.7.23）

**「Go To」旅行補助，7月22日開始
予約済み分も対象に**

　国土交通省は10日，国内旅行の代金を補助する「Go To トラベル」事業について7月22日からの旅行を対象にすると発表した。8月上旬としていた開始目標を前倒しした。予約済み分の旅行を補助の対象外とする当初方針を転換し，7月22日以降の旅行であれば支援対象とする。

　「Go To トラベル」は新型コロナウイルス感染症の感染拡大で落ち込んだ旅行需要を喚起するため，国内旅行を対象に宿泊・日帰り旅行代金の半額を補助する仕組み。ただ新型コロナウイルス感染症の新規感染者が増えている状況で旅行を後押しすることには異論の声も出そうだ。

　補助額は最大1人あたり1泊2万円で利用回数の制限はない。補助の7割は旅行代金の割引，3割は旅行先で使える地域共通クーポンで配る。例えば1泊2万円の旅行の場合，全体の補助額は1万円。このうち旅行代金割引は7千円，3千円がクーポンになる。
　　　　　　　　　　（日本経済新聞　2020.7.10）

この2つの記事を読んだ印象や，
どう違うのか話し合ってみましょう。

想像力をもって情報にふれるには

テーマ設定の趣旨

「新型コロナウイルス感染症に関する情報」についての情報が溢れかえり，様々なニュースが話題になった。そのニュースは，誰からどのように手に入れたのか，考えたことがあるだろうか。コロナ禍では，情報収集を得る手段として，直接的に得ることが難しく，マス・メディアやSNS等に頼らざるを得ないことは否めない。しかし，そのメディアが発信した情報が個人の感情や考えによって，再作成されSNS等で広がってしまうこともある。

同じメディアから得られた情報であっても，受け手側である児童・生徒らの想像力によって見方が変わることもある。また，その受け取った情報が見方を変えることで，更に考えが深まることにも繋がる。コロナに関係する情報だけでなく，普段から手に入る情報に対しても想像力をもって情報をみることが大切である。

メディアは時に，都合の良い部分だけを切り取ったり，組み合わせたりして伝えることがあり，私たちもまた，自分の価値観にあわせて都合の良い受け取り方をしていることがあることに気づいて欲しい。

授業の展開 （1時間〜 2時間）

展開	学習活動
導入	**シート1** 「想像力のスイッチを入れよう」で使われている図を紹介し，どのような内容であったか共有する。
展開1	図1の半分の図から残りの図を想像して描き入れ，他の生徒とその出来上がった図を見せ合う。同じような図になるのか，異なる図なのか，同じような図になったのであれば，なぜそのようになったかを話し合わせる。 つい同じような形を想像しがちであることに気づかせる。
展開2	トイレットペーパーが不足している報道写真を見て，何が起きたのか想像させる。 このような状況が起きたのはどのような情報があったのか，考えさせる。
参考文献	①「想像力のスイッチを入れよう」（小学校5年生・国語教科書）光村図書 ②毎日新聞社（2020.2.28 記事）

1 想像力をもって，情報にふれよう

既に見たり習ったりしたこと
がある人もいるかもしれない。
図1－Aと図1－Bをみて，隠れ
ている部分（オレンジ色の部分）
にどのような図があるか想像し
てみよう。

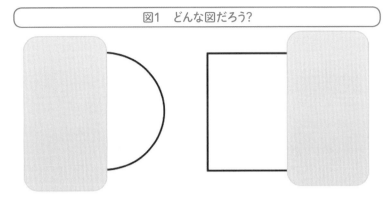

図1　どんな図だろう？

図1の隠れた部分はどんな図だろう？　想像して描いてみよう。

A

B

出典：下村健一「想像力のスイッチを入れよう」光村図書出版，小学校国語5年から著者作成

①出来上がった図を他の人と比べてみよう。

②同じ図になっただろうか？違うだろうか？どうして同じ（違う）のだろう。

2 よく見て考えよう

この写真は，新型コロナウイルス感染症の感染拡大が始まって間もない2020年2月末のスーパー
マーケットのトイレットペーパー・ティッシュペーパーの売り場の写真である。

トイレットペーパーが売り場からなくなった様子
（毎日新聞社）2020.2.28

この写真を見てあなたは，何が起きたと思う
（思った）か。

どんな情報が流れたと思うか。

組　　番　名前

 8 議事録は概要でいい？

特・中・高・大・社会人

テーマ設定の趣旨

　政府が新型コロナウイルスに関する方針を決めるために，いくつかの会議で話し合いがもたれた。ここで話し合われた結果，例えば対策本部（新型コロナウイルス感染症対策本部）ではいわゆる「アベノマスク」と呼ばれる布製マスクが配布されることが話し合われたり，学校の一斉休校が決まったりした。このように，大切な話し合いの場として設けられたものは，首相と全閣僚による「対策本部」，首相と関係閣僚らによる「閣僚会議（連絡会議）」，有識者会議の中の内容について話し合うために作られた「新型コロナウイルス感染症対策分科会」などがある。

　ここで話し合われた内容について，本来ならば政府は公文書管理ガイドラインに基づいて記録を残す必要があるが，議事録が残されなかったことが問題になった。政府は，「政策の決定または了解を行わない会議等」では，発言者やその発言内容を記録する必要がないとしている。しかし，ガイドラインでは「審議会等や懇談会等」の記録も発言者を明示するようにとしている。新型コロナウイルスの感染拡大は，日本だけでなく世界的にも歴史上まれに見る緊急事態で，日本の新型コロナウイルスに関連した政策が，将来，正しかったのかどうかを見直すためにも記録は必要であるという意見がある。

　これらの問題をもとに，自分たちの生活の中で行われている話し合い等の記録について目を向け，これらの記録がなぜ必要なのか考える機会を持たせたい。

準備

身近な集まり（生徒会等）の議事録等があれば，用意する。

授業の展開　（1時間〜3時間）

展開	学習活動
導入	身近に「会議」や「会合」と呼ばれる集まりや，話し合いの場があるか，どのようなものがあるか思い出させる。
展開1	**議事録の内容** ある生徒会の議事録を参考にして，どのようなことが書かれているか確認させる。また，何か不足する情報がないか考えさせることで，議事録の見方に慣れ，なぜこのような記録が必要かを想像させる。　シート1 また，議事録とは何かを知り，議事録に記載する内容について考える。
展開2	**公文書の議事録のあり方** コロナ禍の中で，専門家会議の会議の記録が，議事録でなく議事概要であり，発言者が記録されていない問題が明らかになった。それに対する政府と野党の見解をもとに，公文書のあり方を考える。　シート2
参考文献	①国会会議録検索システム ②朝日新聞デジタルニュース2020.5.29

議事録って必要?

1 議事録って?

「議事録」という言葉を聞いたことがあるだろうか？ あまり耳にする機会は少ないかもしれない。議事録とは，複数以上の人たちの会議などで話し合われた内容や，決まったことなどを記録して，会議に参加していた人はもちろん，参加できなかった人や，そのことに関係する人たちに「どうやって決まったのか」などを伝えて共有する記録である。住んでいる団地自治会など個人が集まる私的な会議でも行われているが，政府・自治体など公的な会議では，議事録を残すことが法律で決められている。

あなたはどんな議事録を知っているだろうか。

> 行事の会計報告もそれかな?

> 親がバザーをして記録をとっていた。

2 生徒会の議事録を見てみよう

これは，ある学校の生徒会役員会の議事録例である。生徒会は学校の組織だから，生徒会役員会の記録は生徒にとっての公文書である。公文書は，どのような議論が行われ，どのような意見で決定がされたかなどを，次の代の役員の参考になるように伝えるという役割ももっている。

生徒会役員会・議事録

日時：2020年9月30日（水）15時〜 17時
場所：2F 生徒会室
メンバー：生徒会長●●，副会長●×，◆●，書記○■
内容：①次期生徒会役員選挙について：昨年と同じように実施する。
　　　②制服の廃止について：学内投票を行い，賛成が過半数を超えるようなら，学校側に交渉する。投票は11月に実施する。

（1）この議事録を読んで，あなたがもっと知りたいと思ったことはなんだろうか。

> 学内投票ってイメージできない。

（2）（1）についてクラスで意見交換をして，この議事録に追加した方がいい情報を話し合ってみよう。

> 次期生徒会役員選挙について要点を書くべき。

組　　番　名前

コロナ禍についてどのような記録を残すべきか

　新型コロナウイルスの流行に対応して緊急事態宣言・学校の一斉休校など様々な決定の記録は議事録として残すことは法律で定めているが次のような問題がおきた。

　2020年5月，専門家会議の議事が 議事録 ではなく 議事概要 であることが問題になった。

> 新型コロナウイルス感染症に関する専門家会議（メンバー12人）の記録
> 議事録はなく，発言者名記録がない議事概要であった。
> （会議発足日2月16日から5月29日までの15回分）

　政府側・野党側それぞれの見解は次の通りである。

政府側

「委員の方に自由かつ率直に議論をしていただくため，発言者が特定されない形の議事概要を作成して公表するとの方針を，皆様の御理解を得て適切に記録を作成してきた」
「専門家会議は政策決定などを行わない会議で，ガイドラインに沿って適切に記録を作成している」

野党側

　政府は3月，コロナ禍を「歴史的緊急事態」に該当するとした。したがってガイドラインにそって正式の議事録にすべきである。
　専門家会議の議論は，コロナ危機への対応に極めて重要な役割を果たしており，記録がないことは，将来，政府の対応を検証するのが困難になる可能性がある。

　以下は両者の見解を判断するための資料である。

『公文書管理』ガイドライン

　それまで「公文書管理に関する法律」（2009）はあったが，2011年東日本大震災を契機に質の高い公文書を残すことを目的にガイドラインが閣議決定された。

　ガイドラインは次のように示している。

「歴史的緊急事態」

「国家・社会として記録を共有すべき歴史的に重要な政策事項であって，社会的な影響が大きく政府全体として対応し，その教訓が将来に生かされるようなもののうち，国民の生命，身体，財産に大規模かつ重大な被害が生じ又は生じるおそれがある緊急事態（以下「歴史的緊急事態」）に・・・ついては，将来の教訓として極めて重要であり，以下のとおり，会議等の性格に応じて記録を作成するものとする」

1 「審議会等や懇談会等」の記録

事業の実績を合理的に跡付け，又は検証することができるよう，開催日時，開催場所，出席者，議題，発言者及び発言内容を記載した議事の記録を作成するものとする

2 「政策の決定又は了解を行わない会議等」の記録（要約すれば議事概要でいい）

○なお，この場合でもその後政策の決定又は了解を行うこととなった場合には，上記1とする

> 結論は以下のようになった
> 従来と同様の形で速記録等に基づき議事概要を作成，公表することとしつつ，
> 今後開かれる会議の議事概要については，発言者名を明記する

> 政府は「歴史的緊急事態」の中で議事録の重要性を「将来の教訓」として生かすことをあげている。
> あなたは，新型コロナウイルスに関する会議の議事録は，どうするべきだと思うか。

組　　番　名前

識者は語る

メルケル首相による
国民への演説

ドイツ
メルケル首相

新型コロナウイルス対策を巡り，ドイツのメルケル首相が存在感を増している。カメラを直視してゆっくりと，過剰な動きを抑え，落ち着きと威厳を持ち，国民に寄り添うリーダー像を意識したスピーチ。国民への真摯な呼びかけが，危機時に頼れる指導者としての期待が高まった。

新型コロナウイルス感染症対策に関する
メルケル首相のテレビ演説
（2020年3月18日）

国民の皆さん

現在，コロナウイルスは我が国の日常生活を著しく変えています。私たちにとって，「ふつうであること」，「ふだんの暮らし」，「社会的なつながり」——こうしたすべてが，これまでにない試練に直面しています。

何百万人もの方々が仕事に行くことができず，子どもたちも学校や幼稚園に通うことができません。劇場や映画館，商店も閉鎖されています。しかし最も辛いのは，こんなことがなければ当たり前だった，みんなと会うことができなくて寂しい思いをしていることではないでしょうか。このような状況では当然ながら，誰もがこの先について，多くの疑問と不安を抱えています。

本日，私がこのように異例な形で呼びかけていますのは，この状況において，首相である私と連邦政府の全職員が何を指針としているかを皆さんにお伝えしたいからです。これは，「開かれた民主主義」の意味することの一端です。つまり，政治的決断を透明化し，それを説明することです。国民の皆さんにご理解いただくために，私たちの行動が正当であることをできる限り説明し，伝えるということです。

しかし次の点はぜひお伝えしたい。こうした制約は，渡航や移動の自由が苦難の末に勝ち取られた権利であるという経験をしてきた私のような人間にとり，絶対的な必要性がなければ正当化し得ないものなのです。民主主義においては，決して安易に決め

てはならず，決めるのであればあくまでも一時的なものにとどめるべきです。しかし今は，命を救うためには避けられないことなのです。

（中略：医療関係者や食品の流通に関わる方々へ感謝の気持ちを伝えつつ，ドイツは医療や食料品の供給に問題がないことを明言）

愛情や友情を示せる方法を私たちみんなが見つけ出さないといけません。今は，スカイプ，電話，Ｅメールを使った交流が絶えず行われています。昔ながらのやり方で手紙を書いても良いかもしれません。こうした状況でも郵便の配達は行われています。ご近所同士が助け合うという素晴らしい話も聞こえています。自分では買い物に行けないお年寄りの手助けをしている人々もいます。私たちにできることはまだたくさんあるはずです。一つの共同社会として，私たちはお互いを見捨てないことを示すのです。

ですから皆さん，どうか噂話は信じないでください。様々な言語にも翻訳されている公式な発表だけを信じてください。

我が国は民主主義国家です。私たちの活力の源は強制ではなく，知識の共有と参加です。現在直面しているのは，まさに歴史的課題であり，結束してはじめて乗り越えていけるのです。

ドイツ連邦共和国大使館・総領事館のHPより

＜問＞メルケル首相が「開かれた民主主義」のために説明し伝えることが大切だと考えているのはなぜだろうか話し合ってみよう。

「一つの共同社会として，私たちはお互いを見捨てないことを示すのです。」とあるが具体的にどのようなことなのか話し合ってみよう。

人文知を
軽んじた失政

藤原辰史

（京都大学人文科学研究所准教授）1976年生まれ。
専門は農業史・環境史。『ナチスのキッチン』で河合隼雄学芸賞,『分解の哲学』でサントリー学芸賞,『給食の歴史』で辻静雄食文化賞。
藤原さんの論考「パンデミックを生きる指針—歴史研究のアプローチ」はウェブサイト「B面の岩波新書」に掲載中。
https://www.iwanamishinsho80.com/post/pandemic

歴史に学ばず，現場を知らず，統率なき言葉

ワクチンと薬だけでは，パンデミックを耐えられない。言葉がなければ，激流の中で自分を保てない。言葉と思考が勁（つよ）ければ，視界が定まり，周囲を見わたせる。どこが安全か，どこで人が助けを求めているか。流れとは歴史である。流れを読めば，救命ボートも出せる。歴史から目を逸（そ）らし，希望的観測に曇らされた言葉は，激流の渦にあっという間に消えていく。

＜中略＞

封鎖下の武漢で日記を発表し，精神的支えとなった作家の方方（ファンファン）は，「一つの国が文明国家であるかどうかの基準は（中略）ただ一つしかない。それは弱者に接する態度である」と述べたが，これは「弱者に愛の手を」的な慈善を意味しない。現在ニューヨーク市保健局が毎日更新する感染地図は，テレワーク可能な人の職場が集中するマンハッタンの感染率が激減する一方で，在宅勤務不可能な人びとが多く住む地区の感染率が増加していることを示している。

これが意味するのは，在宅勤務が可能な仕事は，「弱者」の低賃金労働に支えられていることによってしか成立しないという厳粛な事実だ。今の政治が医療現場や生活現場にピントを合わせられないのは，世の仕組みを見据える眼差しが欠如しているからである。

研究者や作家だけではない。教育勅語と戦車訓練を叩き込まれて南洋の戦場に行き，生還後，人間より怖いものはないと私に教えた元海軍兵の祖父，感染者の出た大学に脅迫状を送りつけるような現象は関東大震災のときにデマから始まった朝鮮人虐殺を想起する，と伝えてくれた近所のラーメン屋のおかみさん，コロナ禍がもたらしうる食糧危機についての英文記事を農繁期にもかかわらず送ってくれる農家の友人。そんな重心の低い知こそが，私たちの苦悶を言語化し，行動の理由を説明する手助けとなる。

これまで私たちは政治家や経済人から「人文学の貢献は何か見えにくい」と何度も叱られ，予算も削られ，何度も書類を直させられ，エビデンスを提出させられ，そのために貴重な研究時間を削ってきた。企業のような緊張感や統率力が足りないと説教を受けた。

だが，いま，以上の全ての資質に欠け事態を混乱させているのは，あなたたちだ。長い時間でものを考えないから重要なエビデンスを見落とし，現場を知らないから緊張感に欠け，言葉が軽いから人を統率できない。アドリブの利かない痩せ細った知性と感性では，濁流に立てない。コロナ後に弱者が生きやすい「文明」を構想することが困難だ。

危機の時代に誰が誰を犠牲にするか知ったいま，私たちはもう，コロナ前の旧制度（アンシャン・レジーム）には戻れない。

2020年4月26日（日）朝日新聞より

＜問＞本文中に「一つの国が文明国家であるかどうかの基準は，弱者に接する態度である」と書かれてあるが，我が国の状況と諸外国と比較してみよう。
文明国と言える条件にはどのようなものがあるだろうか，話し合ってみよう。

これからの学校・これからの働き方

安心して生活ができ，生活を
楽しめるようになっている？

テーマ 9 世界の学校・日本の学校

テーマ設定の趣旨

　新型コロナウイルス感染症の影響により，日本では学校が休校になったり，3密を避けるために分散登校が実施されたりした。学級定員が35～40名のために（義務教育標準法2011年改正による），分散登校などの工夫が必要になったが，そもそも学級規模が20名程度であればそうした工夫の必要はない。分散登校を体験した子どもたちは，「少ないので過ごしやすかった」や「少ないので淋しい」などとつぶやいたという。世界の国々と比べてみると，日本の教室が過密であったことに改めて気づく。

　休校措置により，子どもたちが家庭環境とICTやインターネット情報の影響を強く受けることになった。日本の子どもの生活を世界の国々と比較してみると，家庭環境の影響を強く受けやすい制度（教育予算など）や，高校生のアルバイト状況などが見えてくる。自分や家族・学校の外側や世界に目を向けると，「当たり前」と考えていた日本の特徴が見えてきて，これからの過ごし方を探ることができる。気をつけたいことは，非常事態では，一層「標準」とされてきた子どもとその家庭環境を前提に対応が考えられがちだということである。特別なニーズのある子，不登校の子，生活が困窮している子，外国にルーツのある子や性的少数派の子，周辺におかれている目立たない子など少数派（マイノリティ）の存在に着目し，考えてみることがポイントである。

　どのような環境で誰と学びたいのか。また，家庭や学校に所属しながら，社会とどのようにつながれるのか。新しい生活様式を創り出していく際に，当事者である子どもと教師が一緒に考えてみることが必要ではないだろうか。これからの生き方について，世界の教室風景やデータをみながら検討したい。

授業の展開　（2時間～3時間）

展開	学習活動
導入	**1. 子どもを励ます教室に**　シート1 (1) 教室の混み具合　―3密を防ぐために必要なこと―
展開1	(2) 道具や材料を自由に使えるのはなぜか　―教育予算を比べてみよう―
展開2	**2. 共に学び・共に生きる　―インクルージョンという視点―**　シート2 (1) 誰もがアクセスできる教室・学校・社会へ (2) 一緒に過ごすために必要なこと　―多様性の尊重へ―
展開3	**3. 社会とつながりながら学び，生きる**　シート3 (1) 働きながら学ぶ　―高校生のアルバイトを検討する― (2) 大学進学や就職をいつどのように決めるのか？ (3) 社会に関わりながら生きる ※将来の選択肢を広げ，現在の社会制度を問い，社会づくりに参加する必要性が見えてくるように話し合いたい。
参考文献	・宮本みち子（2015）『すべての若者が生きられる未来を　家族・教育・仕事からの排除に抗して』岩波書店， ・国立特別支援教育総合研究所インクルーシブ教育システム推進センター（2019）『諸外国におけるインクルーシブ教育システムに関する動向―令和元年度国別調査から―』

子どもを励ます教室に

「学校や教室は，こんなところ」と考えがちですが，学校や教室の風景は国に
よってさまざまである。日本と世界の学校・教室を比べてみよう。

> 日本の定員は，小1のみ35名。2年生以上は40名（義務教育標準法2011年改正）。少子化により減少。

（1）教室の混み具合　―3密を防ぐために必要なこと―

左の写真は，日本とスウェーデン，フランスの教室風景である。

図1　世界の教室（中学校）

日本の
ある教室
（38名）

スウェーデンの
ある教室
（23名）

フランスの
ある教室
（26名）

図2　世界の国々の学級規模（小中）

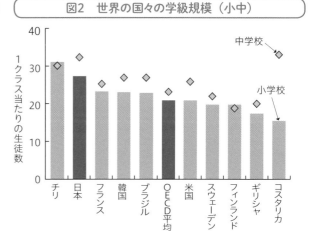

中学校

小学校

1クラス当たりの生徒数

チリ　日本　フランス　韓国　ブラジル　OECD平均　米国　スウェーデン　フィンランド　ギリシャ　コスタリカ

OECD Education at a Glance 2020 Figure D2.3. (2018) より作成

日本は1クラス当たりの生徒数が世界で最も多い国の一つ。ほかの国々では1クラスの生徒数を少なくして，一人一人に目配りをした指導を行う傾向にある。

**新型コロナウイルス感染症の感染予防策として，
日本では「3密を避ける」ために分散登校が実施され
た学校もあった。20数名で過ごしてみたら・・・**

> 目立ってしまう

> 少なくて淋しい！

> 過ごしやすい

> ソーシャルディスタンスをとりやすい

①学級の人数が少ないことで良いことや良くないことは，どのようなことだろうか。

②何人くらいの教室がよいか。それはなぜだろうか。

（2）道具や材料を自由に使えるのはなぜか　―教育予算を比べてみよう―

日本では，小学校・中学校・高等学校の授業料は無償である。フィンランドでは，授業料はもち
ろん，授業や学校で使用する鉛筆や給食なども無償である。

①図3から何が読み取れるだろうか。

②学校・教室に望む条件について考えてみよう。
どのような学校・教室が良いか，話し合っ
てみよう。行事活動や給食，トイレなどに
ついてはどうだろう。

図3　国の支出に占める教育関連支出の比率（小学校から大学・大学院まで）

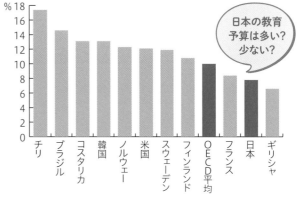

> 日本の教育予算は多い？少ない？

チリ　ブラジル　コスタリカ　韓国　ノルウェー　米国　スウェーデン　フィンランド　OECD平均　フランス　日本　ギリシャ

OECD Education at a Glance 2020 Table C4.1より作成

組　　　番　名前

共に学び・共に生きる ―インクルージョンという視点―

（1）誰もがアクセスできる教室・学校・社会へ

近年，学校・教室では障がいや発達上の困難をかかえている人なども一緒に学ぶことが増えてきている。下のコラムは，自閉症の妹のことを語る姉の言葉である。

ある中学生の言葉―「障害者のために」久田乃愛さん

私には，「自閉症」という障害を持った妹がいます。「自閉症」とは，コミュニケーションがうまくとれなかったり，感覚に異常があったり，その人によって様々な症状があり，理解されにくい障害です。私の妹は，今小学校6年生ですが，会話はほとんどできません。そのため，自分の気持ちを上手く伝えることがあまりありません。‥‥階段がこわかったり，モノにこだわりがあったりします。障害者は，健常者と違うところがたくさんあり，きっととてもつらい思いで，毎日を過ごしているのだと思います。それなのに，差別をしたり，変な目でみたりする人がいます。‥‥障害は，その人の個性であり，恥ずかしがってはいけないと考えるようになりました。‥‥「健常者も障害者も差別なく，仲良く楽しく過ごすことができる」私は，これが当たり前になってほしいです。‥‥妹はできないことが多いですが，その存在がいつも家族を一つにしてくれています。私は，そんな妹が大好きです。だからこそ，障害者がどこにも行けて，楽しく過ごせる社会になってほしいです。

発達障がいとは

自閉症・アルペルガー症候群・ADHDなどの言葉を耳にした人も多いと思う。生まれつき脳の働きが多くの人と違っているところがあって言葉・行動・学習で一般的な発達とは違う面がありこれを発達障害と言う。ただし様々なサポートや教育によって社会的に適応していくことができるので教育の力は大きいと言われる。またある部分は苦手でもある部分が非常に優れていることがあり，社会生活上に支障がなければ「障がい」とあえて言う必要もないとされる。

なるほど！

障害という言葉：最近は障害という言葉が，欠点・邪魔などマイナスのイメージでとらえられがちなので，障がい・障碍，いずれでもない「特別なニーズがある」，発達障害については「ニュウロダイバーシティ」と表現する考えもある。
インクルージョン：障がい（特別なニーズ）の有無という違いがあるから分離するのではなく，違いを多様性ととらえて包括し相互に活かしあうこと。

インクルージョンに基づく学校は，特別なニーズのある人，ない人にとってそれぞれのどのようなメリットがあるだろうか。考えてみよう。

----

①下図は日本と諸外国の特別なニーズのある子どもの在籍学校である。

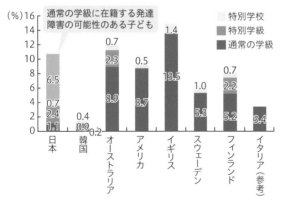

国立特別支援教育総合研究所インクルーシブ教育システム推進センター（2019）『諸外国におけるインクルーシブ教育システムに関する動向―令和元年度国別調査から―』

上図をみて話し合ってみよう

日本・韓国とそれ以外の国を比較し，特徴を話し合ってみよう。その理由を想像してみよう。

②特別なニーズがある子どもたちが安心して学ぶためにどのようなことが必要か。考えてみよう。

私の考えたこと

＜学校・教室＞
疲れたら休める
小部屋が教室についている

＜道具＞
声が文字に変る変換器

＜人間関係＞
座席の工夫

＜その他＞

（2）一緒に過ごすために必要なこと　―多様性の尊重へ―

　子どもの「人権」の視点から子どもが学び生活する場である学校や教室の在り方の見直しが始まっている。一つのきっかけは，「障害者の権利に関する条約」（2006年国連採択）である。

⇒日本'07年署名（賛成）　⇒'13年「障害を理由とする差別の解消の推進に関する法律」制定して批准（実行）

＜見直しの課題＞

【学校に一緒にいるだけでよいのか？】　━━━━▶ | 居心地がよい／誰もが学びに参加し，必要なことを学ぶことができる |

【学校のルールや教室に子どもが合わせるのでよいのか？】　━━━━▶ | 学校のルールを子どもたちに合わせる |

| 「社会的な障壁」を取り除き | 合理的配慮をする |

社会的な障壁：例　知的発達が平均水準の人は生きやすく，水準にない少数の人たちにとっては生きにくい。

合理的配慮：不自由さ・生きづらさを感じている当事者の声を聴き，どうしたらいいかを一緒に考え無理がないように学校環境を調整していく。

> あなたは上のような変化はいいと思うか，それとも，行き過ぎと思うか下記の資料も参考に話し合ってみよう。

＜世界が共同して取り組む人権尊重＞

第2条　差別の禁止（性別・ことば・宗教・意見・障がいの有無・お金持ちであるかないか，親がどういう人かなど，あらゆる違いによって差別されない）
第12条　意見を表す権利（自分に関係のあることについて自由に自分の意見を表す）
第13条　表現の自由（自由な方法でいろいろな情報や考えを伝える権利・知る権利）

《国連「子どもの権利条約」（1989年採択）》はすでにみんな知っているね。

《国連「障害者の権利に関する条約」（2006年国連採択，日本は2014年批准）》の特徴

・障害者のために新たに権利を定めたのではなく，今ある基本的人権と自由を障害者も持っていることを改めて保障した（第1条）。
・インクルーシブ教育（一緒に学ぶ）が原則であること（第24条）と手話は言語であること（第2条）を明記。

「障害者の権利に関する条約」ができるまで

年	主な動き
1948年	世界人権宣言　採択
1966年	国際人権規約　採択
1971年	精神遅滞者の権利に関する宣言　採択
1975年	障害者の権利に関する宣言　採択
1981年	国際障害者年　制定
1982年	障害者に関する世界行動計画　策定
1983〜1992年	国際障害者の10年　制定
1993年	障害者の機会均等化に関する基準規則　採択
2000年	世界障害NGOサミット　開催
2001年	メキシコ政府より障害者の権利に関する条約作成の提案
2006年	障害者の権利に関する条約　採択（2008年　発効）

「障害を理由とする差別」を定義
第2条：障害を理由とするあらゆる区別，排除，制限。他の者と平等に人権と基本的自由があるという理解や行使を邪魔したり，妨げたり，結果としてそうなってしまうこと。（以下省略）

解説　人権条約のなかで最初に障がいに基づく差別を禁じた「子どもの権利条約」にも記されていない「差別の定義」が明記された。直接差別だけでなく，結果として差が生じる間接差別や合理的配慮の否定も差別にあたるとされた。日本では「障害者差別解消法」により公共機関や民間企業が障がいを理由に排除することを禁じている。

合理的配慮
第5条3項：締結国は，平等を促進し，差別をなくすことを目的に合理的配慮が提供されることを確保するために適当な措置をとる。

解説　合理的配慮は，人権条約の歴史のなかで，この条約で初めて示された。国には合理的配慮をさせる義務があるとしている。例えば車椅子が使えるスロープを設置するなどが求められる。すべての人が互いを尊重して生活するために，個人でなく社会の努力が求められている。

法の下の平等
第12条
2項：締結国は，障害者が生活のあらゆる側面において他の者と平等に法的能力を持つことを認める。
3項：締結国は，障害者が法的能力の行使に当たり必要な支援を利用できるように適切な措置をとる。

解説　精神障がい者や知的障がい者は，代理人や後見人により意思決定が行われる場合がある。国は，障がい者や高齢者の権利を擁護すると言いながらその権利が濫用されるのを防ぎ，すべての障がい者には法的能力があるとみなされ，意思決定の権利をもてるように支援することが求められている。

（出典：ユニセフ『子どもの権利条約カードブック』及び『基礎講座第47回』より作成）

組　　　番　名前 _____

社会とつながりながら学び，生きる

（1）働きながら学ぶ

―高校生のアルバイトを検討する―

高校生は，どのくらい働いているのだろうか。

図1は，世界の国々の高校1年生の調査である。

①図1のグラフから何が読み取れるだろうか。

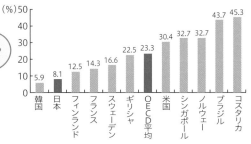

図1 学校のはじまる前や終わった後に仕事をしている割合（2015年）

PISA2015 Results VOLUME Ⅲ overview Figure Ⅲ.1.1
Snapshot of students' life satisfaction より作成

②高校生がアルバイトをすることについて，どのような意見があるか，予想してみよう。

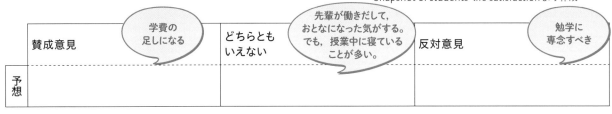

	賛成意見	どちらともいえない	反対意見
予想			

（賛成意見の吹き出し：学費の足しになる）
（どちらともいえないの吹き出し：先輩が働きだして，おとなになった気がする。でも，授業中に寝ていることが多い。）
（反対意見の吹き出し：勉学に専念すべき）

③あなたは，アルバイトをしたいですか？したくないですか？それはなぜですか？

（2）大学進学や就職をいつどのように決めるのか？

OECD諸国では，高校卒業後に旅行やボランティア，就職などをしてから大学に入学する人が多い。

25歳以上の大学入学者の割合（2017年）	OECD平均	日本	スウェーデン
	15.4%	2.4%	27.3%

OECD Education at a Glance（2019）より

①経験を積んでから大学に進学するのはなぜだろう。

（吹き出し：専門的に学ぶと賃金は？）

②学歴と賃金の関係について，図2から何が読み取れるだろうか。

③働いてから大学に進学するにはどのようなしくみや支援が必要か。考えてみよう。

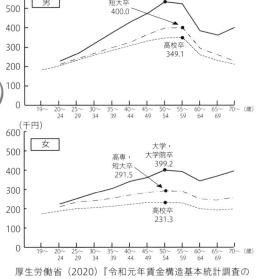

図2 日本における学歴・性・年齢階級別賃金（2019年）

厚生労働省（2020）『令和元年賃金構造基本統計調査の概況』より

《スウェーデンの大学進学のしくみ》

Q. スウェーデンでは大学の授業料が無償というのは本当ですか？

A. 国籍があれば，所得や年齢に関係なく，授業料は無償です。

成人の場合は学生援助（免税の補助金と返済が必要なローン）を受けることができます。大学進学により所得が増えると考えられており，ローン返済は心配されてい

ません。雇用面での支援としては，教育休暇法が定められています。

Q. 大学入試はあるのですか？

A. 志願者数が定員を上回った場合に選考が行われます。高校の成績や全国大学適正試験の成績，面接などにより選考されます。職業経験が考慮される場合もあります。

大学に進学するには，高校卒業

相当の資格などが必要です。しかし，25歳以上で4年以上の社会人経験者は高校修了程度の英語とスウェーデン語の能力があれば一般的資格が得られます。

東京大学（2007）『文部科学省先導的大学改革推進委託事業 諸外国における奨学制度に関する調査研究及び奨学金事業の社会的効果に関する調査研究』

＊教育休暇法（1974年制定）：官民を問わず，労働時間内に教育を受けるために必要な休暇をとる権利と，前職への復帰，地位・収入の継続を保障。

組　　番　名前

(3) 社会に関わりながら生きる

　ノルウェーでは，高校生が国政選挙の前に各政党の政策について検討し，模擬選挙をする（スクール・エレクション制度）。日本にも，子どもが地域社会の活動に参加する「子ども会議」の取り組みがある。

①これまでに地域社会に関わる機会があっただろうか？

②スクール・エレクションや「子ども会議」の良い点や困難な点を出し合ってみよう。

　　良い点：

　　困難な点：

　　知り合いが増えそう。

　　地域や国をおとなと一緒に変えられる。

　　やりたいことができるの？

　　18歳で選挙権を持つので，高校時代にスクール・エレクションを体験しておきたい。

　　自分が参加するとしたら，どんな活動がしたいか考えてみよう。

　　どのようなしくみやサポートがあると，参加しやすいだろうか。

ノルウェーのスクール・エレクション（高校生による模擬選挙）と若者参加

Q.　ノルウェーでは，国政選挙の前に「高校生による選挙」が行われるというのは，本当ですか？
A.　学校ごとに，生徒会が中心になり政党討論会と模擬選挙を企画・運営するようです。

Q.　討論会では，何が検討されるのですか？
A.　主に「選挙公約」です。選挙1週間前くらいに各政党代表を学校に招いて討論会が行われます。その後，投票します。

民主主義社会の一員として，（決定権はないが）社会づくりに関わり，学ぶ仕組み

Q.　投票結果は，どうなるのですか？
A.　ニュースで流れるそうです。メディアも市民も結果に注目しています。翌週の国政選挙結果に影響するとも言われています。一票を投じることで市民社会に影響を与える存在であることを実感できるようです。

日本の「子ども会議」の取り組み

Q.　日本にも，子どもが社会について考え，参加する機会はありますか？
A.　川崎市などでは，「子ども会議」の活動があり，参加を募っています。

Q.　どのような活動をしているのですか？
A.　例えば，神奈川県川崎市では，2019年度に「川崎市の良いところ探し」や「エコキャップ回収活動」をテーマに地域に関わる活動しています。2015年に国連開催のサミットで決めた持続可能な開発の世界共通目標「SDGs（エスディージーズ）」についても学んだようです。2030年までに達成すべき17の目標のなかの「目標11住み続けられるまちづくりを」「目標12つくる責任つかう責任」「目標14海の豊かさを守ろう」について，子どもたちが取り組むことなどが期待されているようです。

Q.　活動では，何が大事にされていますか。
A.　子どもたちが自分たちで検討し決めて活動することです。愛知県高浜市では，2003年に「たかはま子ども市民憲章」を制定しましたが，子どもの意見を表明する権利（国連「子どもの権利条約」）を大事にしようと，子どもたちが集まり考えた「子どもから」の言葉とおとなたちが考えた「おとなから」の言葉の両方でつくられました。子どもたち自身の提案や言葉を尊重した結果です。

子どもとおとなはパートナー

自分たちの言葉が憲章に！

＊子ども会議は，子どもの人権を尊重し，子どもが主役という観点から子どもたちが自由に意見交換する会議です。
川崎市子ども会議の活動について　https://www.city.kawasaki.jp/880/page/0000070758.html（2020年11月1日閲覧），および
たかはま子ども市民憲章（2003年11月1日制定）　高浜市ホームページ　https://www.city.takahama.lg.jp（2020年11月1日閲覧）より作成

組　　番　名前

テーマ 10 ローンのしくみと奨学金制度

テーマ設定の趣旨

　卒業後の進路として大学・短期大学・専門学校への進学を考えている高校生の多くが，奨学金の利用を希望している。高校3年生になるとすぐに，学校を通じて日本学生支援機構奨学金の予約採用申し込みがある。「奨学金」という名称のせいか，これが「借金」であること，しかも人生で初めて自分自身が借りるもので，借金を抱えた状態で社会人としてスタートを切ることになるのだと生徒が自覚しているのか心許ない。奨学金を借りなければ進学できないとしても，「金利」や「返済方法」などの基礎知識を持って，奨学金の申し込みに臨んでほしい。

　新型コロナウイルス感染症の影響で，困窮している大学生について報じられている。親の収入が減ったり，学生自身のアルバイト先が休業したりと授業料や生活費の支払いが困難になっているのだ。それは高校生にとっても，もうすぐ自分自身が直面するかもしれない課題だ。

　さらに諸外国の大学授業料や奨学金制度はどのような状況なのかを知り，日本の教育費や奨学金制度は，今後どうあるべきかを考えてほしい。

授業の展開　（2時間〜）

展開	学習活動
導入	今回は，ローンのしくみと奨学金制度について学ぶと伝える。
展開1	シート1で授業を進める。 ①大学・短期大学・専門学校の教育費 ②ローンとは ・金利とは何か，利息額の計算方法　金利の種類　などについて学ぶ。 ③ローンの返済方法 ・元金と金利から利息額を求める計算例をあげ，元利均等返済のしくみを知る。
展開2	シート2で授業を進める。 ④日本学生支援機構の奨学金 ・日本学生支援機構のシミュレーションから奨学金を借りた場合の返還回数や返還金額などについて知る。 ⑤他国の学費や奨学金制度
展開3	シート3で授業を進める。 ⑥日本の教育費 ・公財政教育支出の対GDP比　教育費の公私負担割合のグラフから日本の教育費について考える ・国の修学支援新制度
まとめ	日本の高等教育学費や奨学金制度がどうあるべきか考える。
参考文献	大内裕和「奨学金が日本を滅ぼす」朝日新聞出版（2017） 埼玉奨学金問題ネットワーク「奨学金　借りるとき返すときに読む本」弘文堂（2018） 「マナブとメグミのお金のキホンBOOK」全国銀行協会（2016）

ローンのしくみと奨学金制度

1 大学・短期大学・専門学校の教育費

大学・専門学校の学費

●1年目にかかる学費

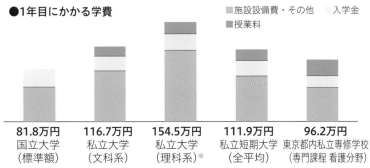

施設設備費・その他　入学金
授業料

81.8万円	116.7万円	154.5万円	111.9万円	96.2万円
国立大学（標準額）	私立大学（文科系）	私立大学（理科系）※	私立短期大学（全平均）	東京都内私立専修学校（専門課程 看護分野）

※ 医歯系は含まない。医歯系の初年度納入金額平均は482.2万円
日本学生支援機構「奨学金ガイドブック2020」より

高校卒業後に，大学・短期大学・専門学校に進学すると，授業料，入学金，施設設備費などが必要となる。どのくらいの金額だろうか？
左の表から自分の進学希望先の学費を計算してみよう（卒業まで4年かかるなら授業料は4倍）。

2 ローンとは

＿＿＿＿とは，銀行などからお金を借りて，後から少しずつ支払う約束のこと。

ローンでお金を借りた場合には，＿＿＿＿がかかる。金利には＿＿＿＿，月利，日歩などがある。

利息の計算式　元金（最初に借りたお金）　×　金利　×　借入期間　＝　利息の総額

計算してみよう　15万円を年利10％で4か月借りると？

（　　　　　）　×　10％（　　　　　）　×　4か月（　　　　　）　＝　（　　　　　）

3 ローンの返済方法

30万円借りた場合の利息額を計算してみよう。　毎月1万円返済　金利（年利）18％

① 年利18％から1か月当たりの金利（月利）を計算し，月当たりの利息を求める。

18％　÷　12か月　＝1.5％（月利）

＿＿＿＿＿＿＿＿＿＿＿＿＿＿＿＿＿＿＿＿

② 1か月目に支払う返済金1万円のうち，元金返済分を求める。

＿＿＿＿＿＿＿＿＿＿＿＿＿＿＿＿＿＿＿＿

③ 元金の残金を求める。　＿＿＿＿＿＿＿＿＿＿＿＿＿＿＿＿

④ 2か月目の利息を求める。　＿＿＿＿＿＿＿＿＿＿＿＿＿＿＿＿

このまま返済を続けると返済終了は3年5か月後，
30万円＋利息11万円　合計41万円となる。

この返済方法を＿＿＿＿＿＿＿＿という。
毎回同じ額を返済する。はじめは利息の部分が
多く，後になるほど元金部分（借りた分のお金）
の返済が増える。

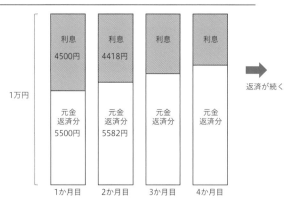

出典　金融庁「はじめての金融ガイド DVD版解説書」（2008）

組　　　番　名前＿＿＿＿＿＿＿＿＿＿＿

71

④ 日本学生支援機構の奨学金

　日本学生支援機構の「学生生活調査」（2016年度）によると，奨学金を受給している学生の割合は，大学学部（昼間部）で48.9％となっている。つまり約半数の学生が教育費の支払いのために，奨学金を利用している。

　日本学生支援機構の奨学金には給付型と貸与型がある。給付型は対象が住民税非課税世帯とそれに準ずる世帯の学生に限られるので対象になる学生は少ない。貸与型は保護者ではなく学生本人に貸与される。つまり返還義務は学生にある。第1種（無利子）と第2種（利子つき）の2つのタイプがある。

日本学生支援機構の奨学金を借りる場合，利息や返還総額は，どのくらいになるだろうか？

①第二種奨学金（利息付）の場合，月額8万円の貸与を受けると大学4年間で貸与総額は？

_____

②返還総額は？年利0.15％（2020年4月の利率）固定金利として（返還シミュレーションより）

_____

③返還総額と貸与総額の差額は？（つまり利息額は？）

_____

⑤ 他国の学費や奨学金制度

　他国の学費や奨学金制度はどのようになっているだろうか。大学についてみてみよう。

大学の学生納付金（初年度納付金額）

国名			納付金内訳	合計金額
日本	・国立大学	（2018年）	授業料535,800円（標準額）＋入学料282,000円	817,800円
日本	・私立大学	（2018年）	授業料877,735円＋入学料253,461円＋施設設備費185,620円	1,316,816円
アメリカ	・州立大学	（2015年）	授業料と実験費，演習費等8,778ドル（入学料なし）	8,778ドル（約1,023,000円）
アメリカ	・私立大学	（2015年）	授業料と実験費，演習費等27,942ドル（入学料なし）	27,942ドル（約3,255,000円）
イギリス	・国立大学	（2017年）	授業料9,250ポンド（入学料なし）	9,250ポンド（1,344,000円）
フランス	・国立大学	（2016年）	学籍登録料184ユーロ（授業料なし）（入学料なし）	184ユーロ（23,000円）
ドイツ	・州立ボン大学	（2019年）	学生バス代や学生福祉会経費など292.16ユーロ（授業料なし）（入学料なし）	292.16ユーロ（37,400円）

奨学金制度

日本学生支援機構奨学金（2018年）	無利子貸与15.4％　有利子貸与21.7％　給付0.7％（学生数に対する受給者の比率）
アメリカ・連邦，大学，民間金融機関が用意する奨学金が6種類（2015年）	そのうち3種類が給与型。3種類が貸与型。最も受給者が多いペル給与奨学金は1人あたりの年間平均受給額は3,728ドル（434,000円）
フランスの公的な奨学金（2016年）	すべて給与型。高等教育一般給与奨学金第7種では年額5,551ユーロ（679,000円）を給付
ドイツ	給与奨学金が主

文部科学省「諸外国の教育統計」2019年版より作成

上の表「諸外国の大学費用，奨学金制度」をみて気づいたことをあげてみよう。

　　　　　　　　　　　　　　　　　　　　　　　　組　　　番　名前

6 日本の教育費

公財政教育支出の対GDP比

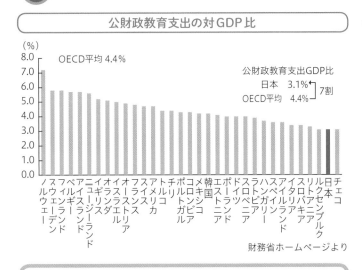

OECD平均 4.4%

公財政教育支出GDP比
日本 3.1%
OECD平均 4.4% 7割

財務省ホームページより

教育費の公私負担割合

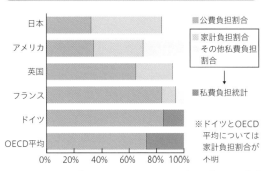

■公費負担割合
□家計負担割合
　その他私費負担
　割合
↓
■私費負担統計

※ドイツとOECD
平均については
家計負担割合が
不明

OECD「Education at a Glance（2009）」より作成
「文部科学白書2009」より

> 日本の公財政教育支出（国や地方公共団体が，税金により教育費を支出）の対GDP比は，＿＿＿＿＿＿＿＿にとどまる。

> 日本は高等教育段階で教育費の私費負担割合が高く，その中でも＿＿＿＿＿＿＿＿＿＿＿＿。

国の高等教育修学支援新制度

大学生への修学支援制度

減免額は短大，高等専門学校，専門学校でそれぞれ異なる。
高等専門学校の奨学金は，各分類の5〜7割の額を支給

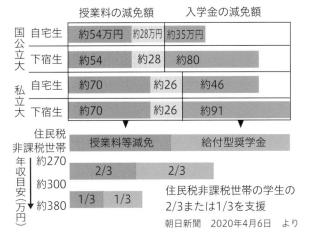

		授業料の減免額	入学金の減免額
国公立大	自宅生	約54万円　約28万円	約35万円
	下宿生	約54　約28	約80
私立大	自宅生	約70　約26	約46
	下宿生	約70　約26	約91

住民税非課税世帯
年収目安（万円）

	授業料等減免	給付型奨学金
約270		
約300	2/3	2/3
約380	1/3　1/3	

住民税非課税世帯の学生の
2/3または1/3を支援

朝日新聞　2020年4月6日　より

　国は2020年4月より，大学・短期大学・高等専門学校・専門学校の修学支援新制度を始めた。

　支援内容は「授業料等減免制度の創設」と「給付型奨学金の支給の拡充」である。しかし，全学生が対象というわけではなく，支援対象となるのは「住民税非課税世帯とそれに準ずる世帯の学生」であり，世帯の収入によって支援の金額は異なる。

　これは経済的に厳しい学生への支援制度で，収入による教育格差をなくすのが狙いとされている。

　しかし，これまで，国立大は各大学で授業料減免制度があり，比較的収入があっても対象になったが，新制度で一本化されることとなり比較的収入のある学生は支援対象にならない場合もある。

他国の制度と日本を比較して，どんなことがわかるだろうか。

学費や奨学金の制度について考えたことをまとめよう。

　新型コロナウイルス感染症感染拡大の影響で，困窮している学生もいる。親の収入が減ったり，学生もアルバイトが思うようにできず，学費や生活費が払えないという苦しい状況にあるのだ。

　これからの日本の学費や奨学金の制度がどうあるべきだと思うか，意見を書いてみよう。

組　　　番　名前

11 テレワーク，オンライン学習ができる？

テーマ設定の趣旨

　私たちは新型コロナウイルス感染対策により，家での滞在を余儀なくされた。皆が「自宅に居る」ことができたのだろうか。家族がいがみ合う状態であれば，顔を合わすのは気まずく互いに家の外で過ごしたい。虐待があれば家はむしろ安らかな場所ではなくなる。自宅は，終始安らかな気持ちで生活ができる場であったのだろうか。また，世話の必要な高齢者や子どもたちが自宅待機となるが，世話する家族は外で働かなければならず，その対応に右往左往した。他方，限られた居住スペースを譲り合う生活は長期となればトラブルの原因となった。コロナ禍は家のはたらきについて問われることになった（意見を戦わす場，家族のケア，スペースの共有の問題など）。

　一方長期化するコロナ禍において，自宅を拠点にオンラインで，授業，仕事，趣味などの社会的活動が始まった。住居は，急遽，教室，仕事場であるかのような錯覚に包まれた。当事者は，社会活動をしているかのようだが，その間，家族は自宅での自由が奪われた。これらから家にはオンライン対応の環境を準備する必要があるのではないかと考える。

　また，時代はさかのぼるが，日本古来の人の生活を見ても，住まいの中で仕事場が位置づいており，スペースを多目的に使う知恵や工夫があり，柔軟な住まい方をしていた。コロナ禍が生み出す新たな局面に接し，住まいのはたらきについて問い直し，人間にとっての住まいとは何かを改めて考えたい。

授業の展開 （2時間〜3時間）

展開	学習活動
導入	2020年4月7日緊急事態宣言の発出後，家でどのようなことをしたか話し合う。
展開1	シート1 1　緊急事態宣言時の暮らしはどのようだったか。 　　自粛期間中に「できたこと」ついて／各自の家が居場所となったか。 2　オンライン授業はできたのか。 　　オンライン授業を経験した人／オンライン授業を経験していない人
展開2	シート2 3　テレワークはできるか。 　　テレワークと家族の居場所／テレワークができる仕事・テレワークができない仕事／ 　　テレワークをしてみたいですか。
展開3	シート3 4　住まいのなかに仕事場もあった日本の住まい 　　働きの場がある住まい／住宅専用地区／職住が共にある住まいについて／居職の長所・短所
参考文献	ホームレスの実態に関する全国調査（概数調査）結果について　厚生労働省　統計資料・ 児童相談所における児童虐待相談の被虐待者の年齢別対応件数（平成25-29年度）統計局資料 慣れない在宅勤務緊急調査 ― 家族・子ども編 https://workmill.jp/webzine/20200424_telework202.html 2020・8・16閲覧 松山巌,山本理顕,千葉学　第9回ダイワハウス座談会大和ハウス工業本社2013.4.17 総務省平成30年版情報通信白書「テレワークによる働きやすい職場の実現」

① 緊急事態宣言時の暮らし

（1）新型コロナウイルス感染症の感染防止策で，長期間「家に留まっていたからこそできたことは何ですか。それはあなたにとってどんな意味がありましたか」

（2）それぞれの「できたこと」についてグループで話し合い，自由時間の重要性について考えてみよう。

参考　在宅になって困った人もいる

・在宅で仕事もなくなり，ネットカフェで寝泊りしていた人は住まいがなくなった人もいる。

・家族がいつも顔を合わせるせいで，喧嘩した親とは気まずくなった。

・理由が在宅やコロナ禍によるかは不明だと厚生労働省は前置きして述べているが，児童虐待やDVが増えたと報告している。

児童相談所における児童虐待相談の被虐待者の年齢別対応件数（平成25～29年度）

区分	平成25年度	26年度	27年度	28年度	29年度
総数	73802	88931	103286	122575	133778
3歳未満	13917	17479	20324	23939	27046
3歳～学齢前	17476	21186	23735	31332	34050
小学生	26049	30721	35860	41719	44567
中学生	10649	12510	14807	17409	18677
高校生・その他	5711	7035	8560	8176	9438

資料　厚生労働省「福祉行政報告例」

---

② あなたの学校ではこれまでオンライン授業がありましたか。なかったですか。

自宅で学校のオンライン授業を経験した人

（1）あなたの勉強を進める上でオンライン授業はどんな長所・短所がありましたか

長所

短所　不自由だったこと等

（2）勉強する場所が長い時間，家庭であることでどんな長所・短所がありましたか

長所

短所　不自由だったこと等

学校のオンライン授業を経験していない人

（1）あなたの勉強を進める上でオンライン授業がないことでどんな長所・短所がありましたか

長所

短所　不自由だったこと等

（2）勉強する場所が長い時間，家庭であることでどんな長所・短所がありましたか

長所

短所　不自由だったこと等

（3）あなたはどんなオンライン授業になってほしいと思いますか。また，オンライン授業ではできない，できにくい学習は何だと思いますか，話し合ってみましょう。

組　　　番　名前

❸ テレワークはできるか？

政府は，新型コロナウイルス感染症感染対策で企業に対して時差出勤や在宅勤務を推奨した。その時の住まいはどのような影響があったのであろうか。

> テレワークとは，「情報通信技術（ICT）を活用した時間や場所を有効に活用できる柔軟な働き方」のこと。Tel（離れて）とWork（仕事）を組み合わせた造語。要するに本拠地のオフィスから離れた場所で，ICTを使って仕事をすること。
>
> 厚生労働省　テレワーク総合ポータルサイトより

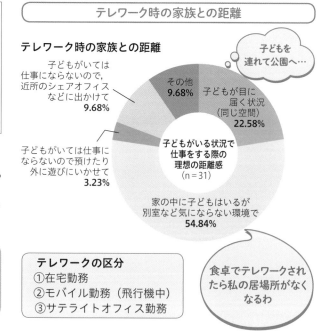

テレワーク時の家族との距離

テレワーク時の家族との距離

- 子どもがいては仕事にならないので，近所のシェアオフィスなどに出かけて **9.68%**
- その他 **9.68%**
- 子どもが目に届く状況（同じ空間）**22.58%**
- 子どもがいては仕事にならないので預けたり外に遊びにいかせて **3.23%**
- 家の中に子どもはいるが別室など気にならない環境で **54.84%**

子どもがいる状況で仕事をする際の理想の距離感（n＝31）

子どもを連れて公園へ…

食卓でテレワークされたら私の居場所がなくなるわ

(1) 家で仕事を行えば，当然，家族の居場所や日常的な活動に影響があるのではないか。どのような影響があったか話してみよう。

> テレワークの区分
> ①在宅勤務
> ②モバイル勤務（飛行機中）
> ③サテライトオフィス勤務

(2) 右表の「仕事の種類」を参考に

・テレワークができる仕事・テレワークができない仕事に分けてみよう。

テレワークができる仕事

テレワークができない仕事

> 仕事の種類
> 医師，警察官，看護師，教師，俳優，塗装業，美容師，獣医師，保育士，介護師，飲食業，販売業，会社員（事務職，営業職，専門職）

(3) テレワークを経費の観点から考えてみよう。

在宅勤務となり，必要になるものや経費にはどのようなものがありますか。

在宅勤務となり，不必要になるものや経費にはどのようなものがありますか。

(4) あなたは将来，テレワークをしてみたいと思いますか。下の図を参考に話し合ってみよう。

テレワーク実施の課題

（縦軸: %, 0〜70）
■2016年　■2017年

- 勤務者の移動時間の短縮
- 労働生産性の向上
- 健康的な生活の実現
- 勤務者へのゆとりと対応
- 通勤弱者への対応
- 非常時の事業継続に備えて
- 観客満足度の向上
- 優秀な人材の雇用確保
- オフィスコストの削減
- 交通代替による地球温暖化対策
- 節電対策のためのCO2削減
- 省エネルギー，
- その他

テレワークの導入目的（企業）

テレワークを利用する・したい理由

単位（%）

		通勤時間・移動時間の削減	自由に使える時間の増加	業務の効率（生産性）の向上	家族との時間の増加	育児・子育てと仕事の両立	介護と仕事の両立	自身の病気や怪我により通勤が困難	会社が推奨しているから	仕事環境を変えてみたいから	その他
全体 (n＝270)		71.5	68.1	39.6	33.7	27.0	10.7	15.9	2.6	14.1	0.0
男性	20〜29歳 (n＝37)	67.6	70.3	37.8	32.4	18.9	5.4	16.2	5.4	8.1	0.0
	30〜39歳 (n＝34)	64.7	61.8	38.2	32.4	23.5	14.7	17.6	0.0	11.8	0.0
	40〜49歳 (n＝33)	81.8	60.6	60.6	36.4	36.4	9.1	18.2	3.0	15.2	0.0
	50〜59歳 (n＝27)	77.8	59.3	40.7	25.9	18.5	14.8	14.8	3.7	7.4	0.0
	60〜69歳 (n＝17)	58.8	76.5	52.9	29.4	25.9	5.9	17.6	0.0	17.6	0.0
	70〜79歳 (n＝2)	50.0	50.0	0.0	0.0	0.0	50.0	50.0	0.0	0.0	0.0
女性	20〜29歳 (n＝40)	77.5	80.0	35.0	55.0	52.5	12.5	17.5	0.0	22.5	0.0
	30〜39歳 (n＝31)	80.6	67.7	29.0	38.7	38.7	6.5	16.1	0.0	12.9	0.0
	40〜49歳 (n＝24)	75.0	79.2	33.3	20.8	20.8	12.5	12.5	0.0	16.7	0.0
	50〜59歳 (n＝14)	42.9	64.3	28.6	0.0	21.4	14.3	7.1	0.0	14.3	0.0
	60〜69歳 (n＝9)	55.6	55.6	44.4	22.2	22.2	11.1	11.1	33.3	11.1	0.0
	70〜79歳 (n＝2)	100.0	50.0	50.0	0.0	0.0	0.0	0.0	0.0	50.0	0.0

組　　番　名前

4 住まいのなかに仕事場もあった日本の住まい

(1) 働きの場がある住まいについて考えてみよう。

「居職（いじょく）」のある家

　「居職」というのは飾り職や家具職，建具職，桶屋，洋裁・和裁のような家の中の見世と呼ばれる作業場で働き，現場や注文主に収める職人のことで，働きながら暮らすこと。それに対して大工さんや左官屋さんのように外に出て現場で働くのを（　　　　）という。「居職」（　　　　）は明治時代まで使われていた。
　たとえば，東京の愛宕周辺にはお寺が多く，「居職」のある家のほかに小さな商店や町工場があり，そうではない住むだけの家は，（　　　　　　　　　）と呼ばれていた。仕事を仕舞った家という意味。かつて「居職」は普通の生活の在り方だった。

住居専用地区

　戦後に住居専用地区が整備されて，住居の中で仕事ができなくなった。住宅地環境が壊されないように，（　　　　　　　　　　　）が住宅地を守った。つまり，働く場所と住む場所が分離した。

木綿問屋（2階が家族の生活の場）

傘張りと修理

武士の仕事（家の片隅で）

指物師（仕事場が居住スペース）

　職住が共にある暮らしでは，仕事とともに家族との暮らしを大切にしていた。災害時には地域を守る役も担った。住まい方は，地域にも開かれていたと考えられる。

(2) 戦後，働く場所と住む場所を分け住宅専用地区を整備した。この政策が良かったこと，また悪かったことを一つずつ考えてみよう。

良かったこと	悪かったこと

(3)「居職」のように，働くことと生活することが一緒の暮らしについてあなたはどう思いますか。

・現在も「職業」を「在宅」でしている人もいます。どのような職業かあげてみよう。
　芸術家，文筆家，（　　　　　）（　　　　　）

(4)「居職」の長所・短所をあげてみよう。

長所	短所

テーマ 12 どんな社会で働きたい？

テーマ設定の趣旨

　コロナ禍は，女性が69％を占める非正規労働者の経済状況を悪化させ，雇止め，契約期間の短期間化などを起こしている。NPO法人「しんぐるまざあず・ふぉーらむ」が2020年4月に行ったアンケートによると，回答した会員の91％が就労しているものの，その内58％が非正規労働などの不安定な就労状況にあり，半数以上の者は減収，又は収入をなくしていた。一斉休校に伴い休業した者で休業補償が受けられたのは2割に満たない。不安定な就労・家計状況にある者への社会保障制度の脆弱さが，改めて浮き彫りとなった。

　介護や保育といったケア労働の現場では，緊急事態宣言下，在宅勤務者が増えたことにより，介護や保育の必要性が減るようにも見えた（日中家族のケアにあたった在宅勤務者が，夜中に業務をこなしてしのいでいたとしても）。しかし，介護や保育の現場を担う労働者の多くは，家庭内でもケア労働を担うことの多い女性に偏り，自身の子の休校や登園自粛要請等により出勤できない職員も発生した。解消されない人手不足は，休みにくさにも繋がる。

　何があっても安心して生活ができ，生活を楽しめる働き方を増やし，選べることは，最低限の権利ではないだろうか。新しい生活様式とともに，新しい働き方の構築が急務となっている。

授業の展開　（1 〜 3時間）どこまでの展開かは，生徒の実情による

展開	学習活動
導入	**教師の発問**　あなたは，どんな風に働いていきたいですか？ 　　　　就職は　　正社員／　契約社員や派遣社員／　パート・アルバイト 　　　　非婚／　夫婦のみ／　子持ち／　夫婦正社員／　専業主婦・夫／　再就職（正規・非正規）
展開1	**シート1　正規雇用と非正規雇用はどう違う？** ① 図表を参考に，どのような働き方の違いがあるか，考え意見を交換する。 ② 正規雇用と非正規雇用の違いを表に従ってまとめる。 討論 「どんな風に働いていきたいか？」 もう一度考えてみよう。
展開2	**シート2　非正規社員はなぜ低賃金なのか？** ① 図表を参考に，非正規社員の賃金が低い理由を考え，意見を交換する。 ② 非正規社員の多くが低賃金であることと，現代社会の課題とのつながりを出し合う。 　→ 性別役割分業の意識や制度が根強く残り，非正規社員の低賃金化に影響していること，女性の貧困・ワーキングプア・正社員の長時間労働など労働者全体の問題につながることに気づかせたい。
展開3	**シート3　様々な人が安心して働き続けられる社会とは？** ① 何を基準に賃金を決める社会で働きたいか，考える。 ② 「同一労働同一賃金」制度導入のメリットを考える。 討論 「様々な人が安心して働き続けていくために必要なことは？」 　→ 個人（働き続ける本人あるいは他者）としてできることだけではなく，社会のしくみとしても考えさせ，本人の努力や家族の協力だけで終わらせない視点を持たせたい。
参考文献	① 竹信三恵子『これを知らずに働けますか？』筑摩書房（2017） ② 竹信三恵子『10代から考える生き方選び』岩波書店（2020）

正規雇用と非正規雇用はどう違う?

図表を参考に，働き方にどのような違いがあるか，考えてみよう。

1 雇用形態によって，賃金はどう変わる？　雇用形態別平均賃金の違い

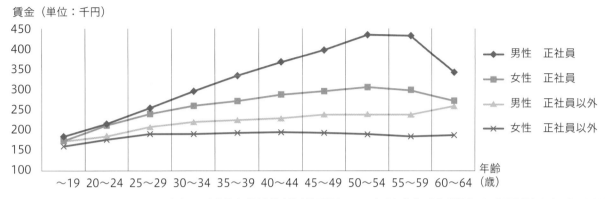

賃金（単位：千円）

	凡例
◆	男性　正社員
■	女性　正社員
▲	男性　正社員以外
✕	女性　正社員以外

出典：厚生労働省「賃金構造基本統計調査」2019年より作成　注）労働者は短時間労働者を除く常用労働者

2 スキルアップの対象者は誰か？

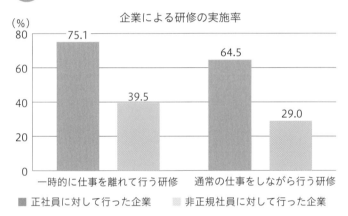

企業による研修の実施率

	一時的に仕事を離れて行う研修	通常の仕事をしながら行う研修
正社員に対して行った企業	75.1	64.5
非正規社員に対して行った企業	39.5	29.0

■ 正社員に対して行った企業　　■ 非正規社員に対して行った企業

出典：厚生労働省『能力開発基本調査』2019年より作成

3 残業すると時給はいくらになる？

時給が1000円だった場合・・・

	日本	フィンランド
平日	1250円 ※60時間以上の残業や，22時〜5時の残業は1500円	1500円 ※2時間以上は2000円
休日	1350円 ※22時〜5時の残業は1600円	2000円

正規雇用と非正規雇用の違いをまとめてみよう。

雇用形態	正規雇用（正社員）	非正規雇用（パート，派遣・契約社員等）
労働契約	・雇用期間の定めが（　　　　　）＝無期契約 →　相当の理由がない限り，解雇されない。	・雇用期間の定めが（　　　　　）＝有期契約 ・簡単に（　　　　　）される。 →　解雇を恐れ，権利を主張しにくい。
働けなくなった時	・（　　　　　　　　　）を受けやすい。	・（　　　　　　　　　　）を受けにくい。 労働条件によっては社会保険に入れない。
賃金と研修	・昇給していくことが多い。 ・ボーナスや退職金がある場合が多い。 ・やりがいのある仕事を任されやすい。	・経験年数や，仕事の幅・責任が増えても， 　（　　　　　　　）のままにされやすい。 ・転職の際に，職歴が評価されにくい。
労働時間 勤務地 労働内容	・（　　　　　　　　）拘束される。 ・慢性的に（　　　　　）があることも多い。 ・転勤や，配置転換がある企業もある。	・アルバイト・パートタイマーは， 　労働時間が（　　　　　　　）。 ・希望する（　　　　　　　）や地域，職種で働ける。

組　　　番　名前

非正規社員はなぜ低賃金なのか?

図表を参考に，非正規社員の多くが低賃金であることの理由を考えてみよう。

1 非正規社員には，どのような人がなっている？ 非正規雇用者の世帯属性

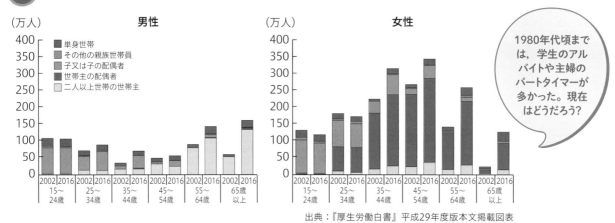

出典：『厚生労働白書』平成29年度版本文掲載図表

2 夫はサラリーマン，あなたは時給1000円のパート。
年収が130万円未満になるように働いていたら，「時給を上げよう」と言われました。どうする？

年間労働時間	1000時間以下	1030時間以下	1300時間未満	1300時間以上	1500時間以上
給与	100万円以下	103万円以下	130万円未満	130万円以上	150万円以上
住民税	支払わない	支払う（給与の10%程度）			
所得税	支払わない			支払う	
健康保険料 年金保険料	支払わなくても， 夫の扶養者として「保険証」と「年金」が受け取れる			国民健康保険と国民年金に加入した場合約36万円支払う	
その他	夫が納める税金が安くなる（配偶者控除・配偶者特別控除）			夫の税金が 高くなっていく	
	夫の会社の扶養手当がある場合 もらえる（月1万〜1万5千円程度）		夫の会社の扶養手当が，もらえない（103万円以下か， 130万円未満を支給基準としている企業が多い）		

3 かつて女性が家庭で担ってきた労働はどう評価されている？ 時給の推移

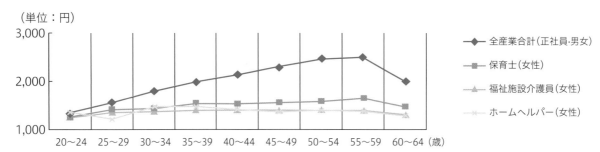

出典：厚生労働省『賃金構造基本統計調査』2019年より作成
注）2019年6月の所定内給与額を所定内実労働時間数で割った金額，年間賞与等は含めず算出

非正規社員が低賃金になりやすいのはなぜだろう？

非正規社員の多くが低賃金であることは，どんな社会問題につながっているだろうか？

組　　番　名前

様々な人が安心して働き続けられる社会とは?

(1) 正社員でも短時間労働者であったり，同じような仕事をしていても非正規社員であったりすると，時給が安いことが多いです。何を基準に賃金が決められる社会で働きたいですか？

> ＜キーワード＞　他にもあるか考えてみよう。
> 　年齢／勤続年数／残業ができる／仕事の量やストレス／労働環境／本人の技術・能力／責任の度合い
> ＜あなたの考え＞

(2) 日本には「同じ労働に対し同じ賃金を支払う」という法律が，実質的にはありませんでした。

> 「パートタイム労働法（1993年制定，その後繰り返し改正されてきました）」
> 　正社員と職務が同一のパートに対し，賃金，教育訓練，福利厚生をはじめすべての待遇においての差別が禁止されている。しかし，適用されるのは，「人材活用のしくみ（転勤や残業があるかなど）が雇われている期間のすべてにわたって正社員と同一のパート」とされ，対象者はほとんどいなかった。
> 　ちなみに，正社員においても「同じ労働に対しては同じ賃金を原則とする」と記された法律はない。

　2020年4月には「同一労働同一賃金」（パートタイム・有期雇用労働法）制度が導入され，パートや有期雇用者に対し，あらゆる待遇に関して不合理な差別が禁止されました。ただし，罰則規定はなく，同一労働の条件には，「配置の変更などの範囲（転勤ができるか等）」といった制約が含まれています。雇用者の内，男性の2割以上，女性の5割以上が非正規で働く現代において，公平な環境で働ける社会をつくるためには，どのようなルールが必要でしょうか？

「同一労働同一賃金」の制度が与える影響をA〜Hの声を参考に考えてみましょう。

> ＜制度が導入されていない職場の声＞
> （正社員A）「パートの人には追加の仕事は頼みにくいので，終わらない分は私が残業します。」
> （契約社員B）「もうすぐ契約期間が終わります。次の契約が更新されるか，いつも心配です。」
> （会社C）　「派遣社員を頼んでいるので，派遣社員の給料分だけでなく，派遣元の会社に紹介料を支払っています。」
> （正社員D）「非正規社員が多い職場で，頻繁に人が辞めます。人が辞める度に仕事が忙しくなります。正社員なのだからと仕事への要求も厳しく，次は自分が辞めさせられるのではないかという気持ちになったりします。」
>
> ＜制度が導入された職場の声＞
> （非正規社員E）「賃金が上がったのとともに責任も増えましたが，やりがいもあります。先日は，研修にも参加しました。同時に，同じ福利厚生となり，契約期間も無期になったので，安心して一生懸命に働くことができます。」
> （正社員F）「突然のトラブル対応などは，どうしても正社員の仕事になります。しかし，その分正社員にはボーナスが出ることで，公平性を保っています。」
> （会社G）　「同一賃金を支払うなら，派遣会社に支払う紹介料分がもったいないので，自社の社員として雇うことにしました。社会保険料などの出費も増えましたが，職場全体のやる気や安心感も上がり，売り上げもUPしました。」
> （会社H）　「高い賃金を払うので，社員の育成にも力を入れ，長く働いてもらえるようにします。」

> 「同一労働同一賃金」のメリットをまとめると，どのようなことが言えますか？　デメリットは？

> 様々な人が安心して働き続けていくために必要なことは何だろう？

13 やりたいことを仕事にするために

テーマ設定の趣旨

　高校生になると，将来やりたいことは何か，それを仕事にしていくにはどのような道筋が必要でどのように働きたいかを具体的に考え，卒業後の進路を決めていく。新型コロナウイルス感染症の感染拡大の影響により先行きが不透明な社会の中で，高校生をはじめ将来の自分の職業を考える若い人たちが，今後どのように仕事を選んでいけばよいのか，改めて考えざるを得ない状況となっている。

　日本で働くほとんどの人は中小企業で働いており，大企業と比べて賃金はどのくらい違うのだろうか。また，雇用の非正規化が進み，20代の若者の4人に一人が不安定な非正規労働に就いているといわれている。その中には「自分のやりたいことを仕事にしたい」という希望を持って働いている者もいる。文化・芸術関係の仕事の多くは非正規やフリーランスで働いている。新型コロナウイルス感染症の感染拡大は多くの人に自粛生活を要請したため，仕事が激減し，非正規で働く人の多くが収入は減り，真っ先に仕事を失う事態となった。中でも，芸術関連のイベントはすべて中止となり，そこに関係する人たちが打撃を受けた。パンデミックにより余儀なくされたこの状況に対して，各国政府によりどのような緊急支援が取られたのか，日本と外国を比較し，「やりたいこと」を仕事にし，それが継続できるためにはどのようなことが必要なのかを考えてみたい。

準備

新型コロナウイルス感染症感染拡大により，どのようなイベントが中止になったか調べておく。

授業の展開　（1時間〜3時間）

展開	学習活動
導入	将来どんな仕事に就き，どのように働きたいと思っているか。 新型コロナウイルス感染症感染拡大により中止になったイベントは何か発表する。
展開1	シート1　将来の仕事を決めるときに考えること (1) 雇用形態や収入のグラフより，仕事をどのような観点で選ぶか考える。 (2) 日本人の働き方と収入の違いについて気づいたことを話し合う。
展開2	シート2　「やりたいこと」を仕事にできるだろうか (1) 各国の文化予算やその推移のグラフを見て，芸術家の生活は安定しているか話し合う。 (2) 芸術家が安心して働けるための条件を話し合う。
展開3	シート3　やりたい仕事が継続できるために (1) コロナ禍の自粛による文化芸術関連に対する政府の緊急支援について日本と外国の支援を比較し，気づいたことを話し合う。 (2) やりたい仕事を継続するために必要なことを考える。
参考文献	①「第10回　芸能実演家・スタッフの活動と生活実態調査 調査報告書」2020年3月 　公益社団法人日本芸能実演家団体協議会 ②「平成30年賃金構造基本統計調査の概況」 厚生労働省

将来の仕事を決めるときに考えること

次の図は仕事を選ぶときの観点についての調査結果である。

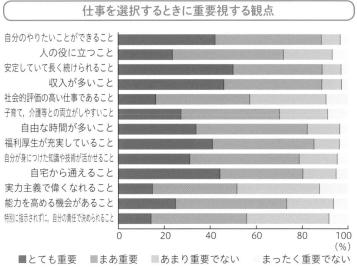

仕事を選択するときに重要視する観点

自分のやりたいことができること
人の役に立つこと
安定していて長く続けられること
収入が多いこと
社会的評価の高い仕事であること
子育て，介護等との両立がしやすいこと
自由な時間が多いこと
福利厚生が充実していること
自分が身につけた知識や技術が活かせること
自宅から通えること
実力主義で偉くなれること
能力を高める機会があること
特別に指示されずに，自分の責任で決められること

■ とても重要　■ まあ重要　■ あまり重要でない　□ まったく重要でない

出典：内閣府「平成30年版　子供・若者白書」（2018年）

（1）左のグラフを参考にして，仕事を選ぶときに何を重視するか話し合ってみよう。

自分の得意なことを仕事にしたいなあ。

日本の企業の99.7％は中小企業で，そこで働く従業員は全体の約70％を占めている。次の図は賃金や雇用形態の図である。

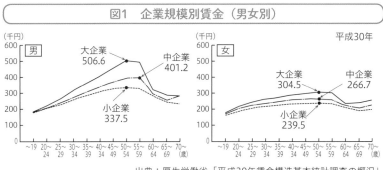

図1　企業規模別賃金（男女別）

（千円）【男】
大企業 506.6
中企業 401.2
小企業 337.5

（千円）【女】　平成30年
大企業 304.5
中企業 266.7
小企業 239.5

出典：厚生労働省「平成30年賃金構造基本統計調査の概況」

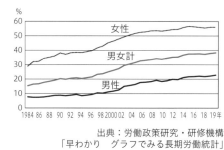

図2　非正規の雇用者・従業員者数

女性
男女計
男性

出典：労働政策研究・研修機構「早わかり　グラフでみる長期労働統計」

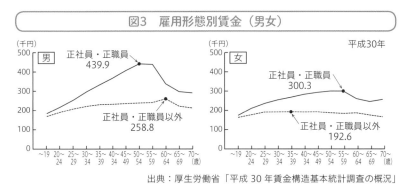

図3　雇用形態別賃金（男女）

（千円）【男】
正社員・正職員 439.9
正社員・正職員以外 258.8

（千円）【女】　平成30年
正社員・正職員 300.3
正社員・正職員以外 192.6

出典：厚生労働省「平成30年賃金構造基本統計調査の概況」

アルバイトでたくさん稼ぎたいと思ったけど…。

（2）図1 ～図3よりどんなことがわかるか話し合ってみよう。

「やりたいこと」を仕事にできるだろうか

（1）「自分のやりたいこと」を仕事にしたいと思う人は多い。音楽や芸術の分野に進みたいとき，収入は安定しているだろうか。図1〜3を見て気づいたことを話し合ってみよう。

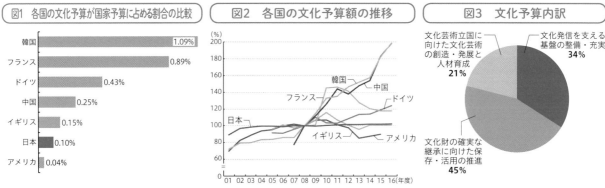

図1 各国の文化予算が国家予算に占める割合の比較

韓国	1.09%
フランス	0.89%
ドイツ	0.43%
中国	0.25%
イギリス	0.15%
日本	0.10%
アメリカ	0.04%

図2 各国の文化予算額の推移

図3 文化予算内訳
- 文化芸術立国に向けた文化芸術の創造・発展と人材育成 21%
- 文化発信を支える基盤の整備・充実 34%
- 文化財の確実な継承に向けた保存・活用の推進 45%

図1・2の出典：一般社団法人 芸術と創造 文化庁委託事業「諸外国の文化予算に関する調査」2016 「令和2年度文化庁予算の概要」（文化庁）より作成

（2）芸術を仕事としている人たちは安心して働くことができるだろうか。図4から安心して働けるための条件を考えてみよう。

図4 安心して活動していくための必要条件

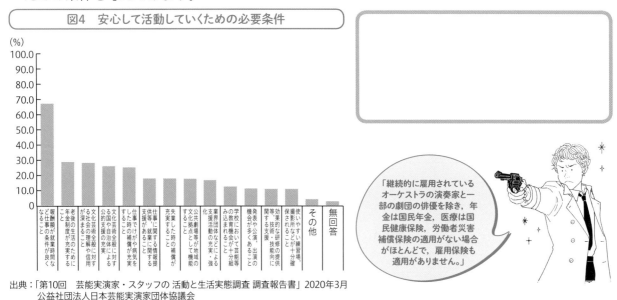

出典：「第10回 芸能実演家・スタッフの 活動と生活実態調査 調査報告書」2020年3月
公益社団法人日本芸能実演家団体協議会

「継続的に雇用されているオーケストラの演奏家と一部の劇団の俳優を除き，年金は国民年金，医療は国民健康保険，労働者災害補償保険の適用がない場合がほとんどで，雇用保険も適用がありません。」

（3）新型コロナウイルス感染症の感染拡大で芸術を仕事にする人たちは大きな影響を受けた。その原因を下の記事から考え，解決策を話し合ってみよう。

　日本伝統文化交流協会が音楽家ら千人以上に実施したアンケート調査によると，6割以上の人が3月だけで10万円以上の収入減になる見込みだと回答した。声楽家，ピアニスト，指揮者といった音楽家や俳優，ダンサー，音響などの舞台スタッフら約1120人から回答を得た。調査によると，3月分の収入が予定通りの人はわずかで，9割以上が減収になるとみている。
　同協会によると，回答者の約8割が特定の事務所や楽団などに所属せずに活動するフリーランス，年収が400万円未満の人が全体の約6割を占めるという。著名音楽家や主役級の俳優たちが急場をしのげても，彼らを支える中堅以下の出演者やスタッフらがいなければ興行は成り立たなくなる。
　調査を担当したグロービス経営大学院准教授で，声楽家としても活動する武井涼子氏は「新型コロナウイルス感染症の影響が長引けば，芸術活動だけでは暮らしが成り立たない人が増える。芸術家にとって危機的状況だ」と話している。（日経新聞　2020年3月）

フリーランスの人：「たまたま昨年から小学校の非常勤講師も兼任していて，幸いそちらの収入があったので現状それほど困窮せずに済んでいます」。

組　　番　名前

やりたい仕事が継続できるために

(1) 新型コロナウイルス感染症の感染拡大により，多くの人が自粛生活を余儀なくされ，文化芸術関連の公演は全く開催できなくなった。これに対する世界の補償の違いを表1を見て比べ，気づいたことを話し合ってみよう。

表1　日本と海外の緊急支援の比較（2020年4月現在）		
	支援団体と支援総額	**一人当たりの金額**
アメリカ	大統領直轄の「米国芸術基金」が，危機に瀕する非営利の文化機関に7500万ドル（81億円）を支援	フリーランスにも最大で週600ドル（6万5000円）を支給
イギリス	政府からの援助と宝くじからの資金を原資に文化芸術団体への支援を行っている公共団体が1億6000万ポンド（212億円）支援　芸術分野の関係者たちは政府支援を求めて強力に働きかけた	2500ポンド（33万円）までの助成金を支給
ドイツ	連邦政府が総額500億ユーロ（6兆円）を支援	フリーランスの人でも最大で9000ユーロ（105万円）の助成金
日本	日本政府　芸術，文化が経済を支える重要産業	最大で20万円を無利子・無担保で貸付　フリーランスを含む個人事業主に100万円を上限に給付

出典：キャッチ！ワールドアイ「芸術の灯を消すな　各国の支援は？」（2020年4月8日）

今回，若手の劇団員や音楽家達は表現の場を奪われてしまいました。状況が回復してきたときにできなかった人達の公演の場を作る救済策もあるのではないかと思います。

劇作家　平田オリザ氏

(2) 下の2つの新聞記事を読んで，やりたい仕事が継続できるためにはどうしたらよいか考えてみよう。

社会におけるアーティストの役割は何だろう

　「新型コロナウイルス感染症のまん延は，はからずも社会におけるアーティストの役割を再考する契機となった。
　まず事象として表れたのはライブイベントの自粛による補償問題。続いて『ステイホーム』を促しファンを癒すオンライン活動の数々…。尚美学園大学などで教える林容子さんは『画家，音楽家などを目指す教え子は今，卒業後に食べていけるか不安になっている』と指摘する。コロナ対策で絵を売るギャラリーは閉鎖され，イベントの自粛は巨額の損失を招いた。『どうすればアーティストとして生活できるのか，社会にとって芸術はなぜ必要なのかを，学生はこれまで以上に考えている』と語る。確かに『芸術で食う』のは厳しい…。もともと，創作や表現活動だけで生計をたてられる人は一握りだ。転芸団協常務理事の福島明夫さんは『児童対象劇団や地方オーケストラなどで収入を得ているが，それだけでは食べていけない人々。日本の芸術家は大半がこの中間層にいる』と分析する。そもそも『芸術家』は職業なのだろうか。だが「あえて『職業』とするならば，芸術家は自らの居場所をもとめて社会に発信しなければならない。

（2020年7月日本経済新聞編集委員　瀬川奈津子）

日本の芸術家たちは声を上げた！

映画と演劇と音楽，手を組み「支援を」
　新型コロナウイルス禍で窮地の映画と演劇，音楽の3業界団体が22日，政府に文化・芸術への支援を求める統一要望書を提出した。要望書では，自粛要請解除後の公演や上映の売り上げ減少に対する補塡（ほてん）などを目的とした官民共同の「文化芸術復興基金」の創設のほか，目下の文化芸術活動を存続させるための固定費支援や雇用調整助成金の早期支給などを求めた。（2020年5月22日　朝日新聞デジタル）

「実をとって食べるまでに本当に時間がかかる。その根っこが枯れて腐ってしまうんじゃないかという状況」と訴えた。

俳優／日本劇作家協会
会長　渡辺えりさん

組　　番　名前

コロナ禍でより明らかになった労働問題と労働法

新型コロナウイルス感染症の感染拡大は，雇用や働き方に大きな影響を与えています。以前から我が国がかかえていた労働問題が顕著化したともいえるでしょう。ここで，そうした労働問題と労働法のかかわりを再確認しながら，これからの働き方について，みなさんと一緒に考えてみましょう。

コロナ禍で起きた労働問題

「休業となったためシフトを減らされた！」「非正規だったからか解雇になった！」「減給となった！」
「休業補償が出なかった！」

労働法はアルバイト・パートにも適用される？

憲法に基づき労働法がある
憲法第27条 すべて国民は，勤労の権利を有し，義務を負う。2 賃金，就業時間，休息その他の勤労条件に関する基準は，法律でこれを定める。

労働基準法
労働者の働き方に直結している法律
労働者とは「職業の種類を問わず，事業に使用される者で賃金を支払われるもの」としています。
アルバイトやパート労働者などの非正規労働者にも労働基準法は適用されます。

労働3法とは
労働基準法・労働組合法・労働関係調整法
そのほか最低賃金法・労働契約法・
雇用保険法・労働安全衛生法など

事業者の都合で解雇できる？

労働契約法
第16条
解雇は，客観的に合理的な理由を欠き，社会通念上相当であると認められない場合は，その権利を濫用したものとして，無効とする。
第17条　使用者は，期間の定めのある労働契約（「有期労働契約」という。）について，やむを得ない事由がある場合でなければ，その契約期間が満了するまでの間において，労働者を解雇することができない。

＜解雇ができる条件＞
①人員削減の必要性があること
②解雇を回避するための努力が尽くされている
③解雇される者の選定基準及び選定が合理的である
④事前に使用者が解職される者へ説明・協議を尽くしていること

「ブラック企業」ってどんな企業？

（厚生労働省公式サイトより）
①労働者に対し極端な長時間労働ノルマを課す。
②賃金不払残業・手当の未払いなど。
③パワーハラスメントが横行する。
④採用・離職が繰り返され，社員が「使い捨て状態」

※厚生労働省HPに「ブラック企業リスト一覧」あり。また情報誌「就職四季報」（東洋経済新報社）で「3年後離職率」と「平均勤続年数」を確かめよう。

過労死ラインとは（厚生労働省平成23年通達）

〇発症前2 ～ 6か月間にわたり，月80時間以上の時間外労働が認められる場合
〇発症前1か月間におおむね100時間を超える時間外労働が認められる場合

※週休2日制で，「国民の祝日」が休業の企業の場合，月の勤務日数は約20日となり，月80時間の時間外労働は，1日当たり約4時間の時間外労働となる。

失業したらどうする？

A　雇用保険（一般名・失業保険）に加入していたら，まずハローワークに行って，雇用保険の申請をしましょう。再就職の意志があることが前提です。

＜雇用保険を受けられる条件＞

○自己都合退職の場合，離職の日以前2年間に，雇用保険に通算12か月以上加入していること。

○会社都合退職の場合，離職の日以前1年間に，雇用保険に6か月以上加入していること。

※非正規労働者も週20時間以上働いていれば雇用保険に加入できる。

B　雇用保険を受け取れない人

ハローワークと提携した民間訓練期間で職業訓練を受けられ，早期就職をめざします。また月10万円の給付金を受けられます。

労働問題 ここに相談しよう

○労働基準監督署
○国や自治体の労働相談窓口
○労働組合
○民間NPOの労働相談窓口
○弁護士

※残業時間記録や，診断書など証拠をとっておきましょう。

★厚生労働省労働条件相談「ホットライン」

（0120－811－610）

★NPO法人労働相談センター

（03－3604－1294）

これだけは知っていたい「働くルール」（労働基準法）

① 契約は文書でおこなわれなければならない。

② どんな労働者も1週間に40時間，一日に8時間を超えて働かせてはならない。

③ 全ての労働者の賃金は地域別最低賃金を下回ることは禁止。

④ 時間外労働は25％以上，深夜労働は25％以上，休日労働は35％以上の割り増し賃金とする。

⑤ 非正規労働者でも，半年以上同じ勤務先で働いている場合，有給休暇が認められる。

⑥ 仕事（通勤も）が原因のケガや病気には，労災として治療費が全額補償される。労災保険は全ての事業所が加入する義務がある。保険料は事業主が全額負担し，雇用関係にある全ての労働者に適用される。

⑦ 使用者が労働者を解雇する時は，30日以上前に通告するか，30日以上の解雇予告手当を支払う。

なぜ，非正規労働者が増えたのか

　いろいろな理由が言われるが，最大の理由は，バブル崩壊から約3年間，どの企業も経営悪化に陥っていたことがある。それを解決するため，企業は人件費が安く，雇用の調整弁（景気のいい時に雇い，景気の悪い時にやめてもらう）として使える労働者グループ（契約社員や派遣社員など有期雇用非正規労働者）を求め，日経連は「新時代の『日本的経営』」（1995年）を出した。

日経連は労働者を3グループに分けた。

　1 管理職などの少数エリート社員（正社員で定年までの長期雇用，月給制，昇給・退職金あり）

　2 専門部門（非正規の有期雇用，年俸制，昇給・退職金なし）

　3 一般・技能部門（非正規の有期雇用，時間給制，昇給・退職金なし）

　それに応えて政府は翌1996年に「労働者派遣法」を改正し派遣対象業種を増やし，1999年には，ごく一部の業種を残し派遣労働を自由化した。その結果，現在，非正規労働者は全労働者の38.3％（2019年）を占めることになった。対してフランスは約9割が正規労働者である。

雇用と社会保障は一体
― 生活保障，排除しない社会へ―

私たちは超高齢社会を迎え，経済格差が広がる中で，生活に不安を抱えながら生きている人も多くいます。今こそ生活の不安をとりのぞくための，雇用と社会保障を一体化した新しい「生活保障」が求められています。世界を眺めながら，この新しい社会のありかたを模索してみましょう。

人々の間で進む分断

現在の日本には正規労働者VS非正規労働者，大企業VS中小零細企業，ジェンダーで男性VS女性，日本人VS外国人などいくつもの亀裂がある。また経済格差が拡大し，相対的貧困率が先進国中アメリカに次いで2番目の高さである。こうした亀裂を修復することを期待されるのが社会保障であるが，修復するどころか，亀裂をますます大きくしている。

例えば，非正規労働者について厚生年金等への加入が認められていない「制度的な排除」や，国民年金や国民健康保険に加入していても，保険料が払えずに制度から排除される「実質的排除」がある。

また，賃金や所得の保障とともに，社会の中に居場所を持つことが生きる意欲につながる。しかし非正規労働者は働く人々のつながりが弱い場合が多く，「孤立感」にとらわれる人々が増えている。

日本型社会保障の特徴

2007年の宮本太郎と山口二郎の調査（「世界」2008年3月号）によると，望ましい日本の国の形として最も多かったのは「北欧のような福祉を重視した社会」であった。

しかし日本の社会保障の特質は，雇用は男性が稼ぎ主で，妻子の扶養費用も含めた家族賃金である。社会保障は稼ぎ主である男性の疾病，失業など（社会的リスク）に対するものが主で，主に人生後半にシフトしている。保育や介護は社会保障ではなく，家庭の主婦が担うことが期待された。また現役世代への就職のための公的支援（職業訓練など）は少なく，これに当てる費用はGDP比で0.3％とOECD平均の半分である。このように，現役世代への公的支援が弱かったことや，性別役割分業意識の継続や，女性労働者を景気の調整弁（景気のいい時に雇い，景気が悪くなると解雇する）として位置付けたことなどが複合の要因となって，住宅ローンや学費への補完として，多くの主婦が低賃金の非正規パート労働者となった。バブル崩壊後の経済悪化の中で，政府は1995年の日経連の提言を受けて，1996年には派遣労働対象を緩和した。非正規労働は稼ぎ主男性にも広がり，学生アルバイトなども含めた現在の大量の「非正規労働者」を生み出した。

スウェーデンの生活保障

「生活保障」とは雇用と社会保障がうまくかみ合って，一人ひとりが働き続けることができ，何らかの事情で働けなくなった時は所得が保障され，あるいは再び働くことができるような支援が保障されるしくみである。ヨーロッパ，特に北欧では，この雇用と社会保障を連結させた政策がとられてきた。

スウェーデンでは，働ける人はその人の条件の中で働いて，納税者として税金を納める。企業も日本に比べて社会保障費負担が大きく，共に福祉国家を支えている。

スウェーデンには「皆が働くべき」という「就労原則」がある。しかしその働き方にはゆとりがある。一人当たりの年間労働時間は日本より200時間程度少なく，年間最低5週間の有給休暇をとり，育児休暇や看護休暇など，給与保障のある休暇がたくさんある。

スウェーデンでは，失業しても失業手当が最低4年間支給され，再就職のための職業訓練も充実している。また生涯教育も盛んで，働きながら学ぶことができ，教育支援金や教育休暇制度もある。

日本では若者がいったん非正規労働者となってしまうと，そこから抜け出すのは難しい。しかしスウェーデンでは，知識や技能を習得した労働者は，生産性の低い企業から高い企業に再就職できるように国が支援し，社会保障と経済成長を両立させてきた。

北欧の小国であるスウェーデンであるが，カジュアル衣料のH＆M，家具のIKEA，自動車のボルボ，通信機器のエリクソンなど，世界的企業がいくつもある。日本でも若者の雇用保障を高める必要がある。

求められる新しい生活保障

21世紀に入っての世界的経済危機の中で，スウェーデンでも失業者が増加し，社会保障費が財政を圧迫し始めているが，今こそ，以下のような，日本も含めた新しい生活保障のあり方を探っていきたい。

① 誰でもが働き続けられるための政策

生涯教育や職業訓練，家族ケアのため就労を諦めることがないように保育や介護サービスの充実，高齢者への就労支援など。

② 雇用を保障し，働く意欲を高める政策

賃金の基本となる最低賃金は，日本はOECDの中でも低い。これを国際水準まで引き上げる必要がある。ヨーロッパでもパート労働者が増えているが，「同一価値労働同一賃金」の原則から，差別は禁止され，「短時間正社員」と呼ばれている。各労働者の労働時間を短くして社会全体の雇用を増やす「ワークシェアリング」や，労働とともに自分の時間を大切にする「ワークライフバランス」も考えたい。

③ 雇用を増やす政策

地域に新たな雇用を作り，農林漁業の製品をそのまま販売するのでなく，地元で加工し，販売・流通させる第1次産業を「第6次産業」化する。また福祉分野の雇用を増やすなど。

行政に任せるだけでなく，国民からも大いに発信しよう。

参考文献：宮本太郎著「生活保障」（岩波新書　2009年）

第 **6** 章

生と性の多様性へ

家族の形は多様に変化している

特・小・中・高・大・社会人

14 子どもの権利条約

テーマ設定の趣旨

　私たちにどんな権利があるのか，どれくらいの子どもたちが認識しているのだろう。何気ない生活の中にはさまざまな権利があるにもかかわらず，そこに目を向けて生活している子どもたちはとても少ないのではないか。権利を知らないことは，生活と社会を切り離し，自己責任の社会に導いていくのではないだろうか。

　この授業では，子どもたちの中に圧倒的に足りていない「私たち一人ひとりが権利の主体である」ことを確認する内容とした。未曽有の状況下においても，自己責任やお互いを監視し合う社会へと進めていくのではなく，生活と社会を切り離した議論や報道が展開されることに違和感を持てる力を育みたい。新型コロナウイルス感染症は私たちに権利について考えるチャンスを与えてくれた。権利について学ぶことで，自分たちも，さらに次の世代の権利の主体性にもつながる内容にしたい。

授業の展開 （1時間〜）

展開	学習活動
導入	**教師の発問**　子どもには権利があるの？
展開1	子どもの権利条約ができるまで ・子どもの権利条約の成り立ちとともに，権利や人権についても確認する。 ・子どもも人間であり，権利の主体者であることを確認する。
展開2	子どもの権利条約で保障されていること ・条約により保障されていることを確認する。 ・事例を読み，関係している条約をあげ，条約が私たちと関わることを捉える。 ※ユニセフ「子どもの権利条約カードブック」を配布し，関係する条約をあげさせる。（グループワークも可）
展開3	子どもの権利条約が定める4つの権利 ・4つの権利を確認する。 ・新型コロナウイルス感染症の対応が，子どもの権利を保障しているかについて自分の考えを書く。 ※考えるための資料として，国連・子どもの権利委員会の「新型コロナウイルス感染症（COVID-19）に関する声明（一部抜粋）」をあげた。 ※展開3に，展開2と同様に事例から私たちと関わる条約をあげるワークも可能である。
参考文献	・ユニセフ「子どもの権利条約カードブック」 https://www.unicef.or.jp/kodomo/nani/siryo/pdf/cardbook.pdf ・セーブ・ザ・チルドレン「2020年春・緊急子どもアンケート結果」 https://www.savechildren.or.jp/jpnem/jpn/pdf/kodomonokoe202005_report.pdf

『新型コロナウイルス感染症による自粛期間中の高校生の想い』

・学校のオンライン授業の導入の有無は，学力に差がついてしまう。また，インターネット環境が整っていない家庭や，十分に支援を受けられない生徒もいて，育つ権利が不平等になると思う。改善できることもあるから，どんな状況でも子どもの権利条約は保障されるべきだ。

・9月入学が検討された時は，当事者である私たちの意見が聴かれ，かつ考慮される機会を提供されていないと感じた。

・日本は子どもが政治に興味を持つような教育をしていない。若い人がもっと自由に意見を言い政治に参加することが大切だと思う。「最近の若者は何も考えていない」という大人もいるが，考えてないわけではない。自由に考えを発表する場所がないだけだ。

① 子どもの権利条約ができるまで

すべての子どもたちは，すこやかに育つ<u>権利</u>を持っている。しかし戦争は社会的弱者としての子どもたちの生命や<u>人権</u>を奪い，大きな犠牲を強いた。これらの反省から子どもの権利をいっそう保障し，実効あるものにするために「子どもの権利条約」が国連で採択され，1990年に国際条約として発効された。（日本は1994年4月22日に批准，1994年5月22日に発効）

> ★権利ってなに？
> 人間らしく生きるために必要なものを手に入れられること

> ★人権ってなに？
> あらゆる人間が人間らしく幸せに生きていくために，生まれながらにして持っている権利の総称

> **ちょっと確認**
> ●権利を持っているのは誰？
> ➡ 子ども（18歳未満）も大人もすべての人間に権利がある。
> ●大人と同じ権利？
> ➡ 子どもは大人へと成長する途中にあり弱い立場にあるため，保護や配慮が必要な面もあるため，大人とほぼ同様の権利を定めている。

子どもの権利条約 30 CRC30

② 子どもの権利条約によって保障されたこと

・子どもは保護され，守られる存在である。

・自ら権利を主張する主体である。

・子どもにとっての最善の利益を，子ども自身が決定し，追求すること。

TRY1 次の事例と関係のある条約を選んでみよう。

> 明子さん一家は仲良しでよく話をします。明子さんのお母さんは大変やさしく親切です。明子さんに来た手紙やハガキなどもキレイに整理して，いつも机の上に置いてくれます。今日，明子さんに来たばかりのハガキの内容について，お母さんから夕食のときに話が出ました。でも，明子さんはそこがちょっぴり不満です。
> ユニセフ「子どもの権利条約カードブック」旧版改編

条約
- -

③ 『子どもの権利条約』が定める4つの権利

生きる権利
すべての子どもの命が守られること

育つ権利
もって生まれた能力を十分に伸ばして成長できるよう，医療や教育，生活への支援などを受け，友達と遊んだりすること

守られる権利
暴力や搾取，有害な労働などから守られること

参加する権利
自由に意見を表したり，団体を作ったりできること

TRY2 国連・子どもの権利委員会は以下の声明を出している。新型コロナウイルス感染症による対応は子どもの権利を保障しているといえるか，あなたの考えを書いてみよう。

> 【国連・子どもの権利委員会（子どもの権利条約の実施状況を国際的にチェックしている機関）が2020年4月8日に出した，新型コロナウイルス感染症（COVID-19）に関する声明の一部】
> ●子どもたちが休息，余暇，レクリエーションおよび文化的・芸術的活動に対する権利を享受できるようにするための，オルタナティブかつ創造的な解決策を模索すること。
> ●今回のパンデミックに関する意思決定プロセスにおいて，子どもたちの意見が聴かれかつ考慮される機会を提供すること。

- -

組　　　番　名前

15 社会の中で生きる，これからの自分や家族

テーマ設定の趣旨

　学校や社会と各家庭との関係は，これまでの画一的な方法では保てなくなっている。「ステイホーム」が提唱された時，「リモートワークで通勤も勤務内容も軽減された大人と，自分で家庭学習を進めながらリモート個別指導を受ける子どもが，共に過ごすことで家族の会話が増え家事も分担し合う」理想の姿が紹介されたりしたが，休校期間中，そんな「ドラマみたいな生活」を送っていた話は生徒から聞こえてこない。むしろ毎日学校で確認できていた生徒の心身の状態が見えにくくなり，近くで見守る大人に恵まれた家庭と，困難な家庭の格差が完全に広がる形になった。本来，必要な家庭を支援する存在であるはずの公共の社会福祉施設や相談窓口も長く閉鎖され，肝心な時にコロナ禍を理由に機能できなかった。

　「家族」のあり方や考え方は多様であり，人生の中で予測できない変化もある。家事はもちろん育児や看護・介護の責任を家族だけに負わせないためにも，社会は様々な家庭を孤立させてはならないし，私たちも孤立してはならない。現在の自分の家族だけを基準にするのではなく，多様な生き方や家庭を理解し，尊重しあう社会を作る大切さに気づかせたい。

準備

○「世帯数の構成割合」「育児休業取得率」など　○ドラマや映画，アニメ，新聞記事に登場する「多様な家族」の実例　○地域の社会福祉サービス実例　　などが可能ならば用意したい。

授業の展開

（2時間〜3時間）展開方法は，生徒の実情や教科の扱いによる。（対象：中学生）

展開	学習活動
導入	自分や，他人や，家族・家庭を，地域や社会とのかかわりを考えながら見つめてみよう。
展開1	多様な家族と変化する世帯 ・絵本を使って多様な家族を紹介する。それをみて，自分のイメージに近い「家族」と，これは「家族」ではないと思うものを出し合う。 ・世帯数の推移の変化の表を見て，今の日本の「世帯」の特徴を見る。
展開2	個人と地域・社会のつながりから見る ・自分と年齢や環境も違う4人の例を具体的にとりあげ，その人の状況にかかわる社会的背景を知り，①個人と②地域・社会とのつながりの二つの視点から考えるようにする。
展開3	家庭生活を支える社会の仕組みと課題から，今後の自分の生き方を考える ・育児介護休業法と取得率の現実　社会保険制度と私たちの生き方 ・家族を支える社会の仕組み（私たちの地域の実例—「子ども食堂」など） ・可能であれば，「介護サポート」「相談窓口」などNPO活動もとりあげたい。 ＊この部分は，ねらいに応じて内容や重みを工夫する
参考文献	宮本みち子・関口久志座談会「多様化する家族—共生なき自立は孤立。自立なき共生は依存」。"人間と性"教育研究協議会「季刊セクシュアリティ No.46多様化する家族」エイデル研究所・2010 伊田広行「家族についての教育・再考」，人間と性教育研究協議会「季刊セクシュアリティ No.76「家族を学」エイデル研究所・2016

「家族」とは

(1) 次のイラストはイギリスの絵本に描かれた家族である。

ステップファミリー

離婚したお母さんと子どもたち

友人同士で住む

お母さんと息子

男の人たちで子どもを育てている

ひとり暮らし

おじいちゃんとおばあちゃんとねこの家族

2組のお母さんと子どもたち

大家族

> いろいろな家族のかたちがある。あなたはどう思う？

(2) 日本の今と約30年前の世帯と見てみよう。どんな変化があっただろうか。

(年)	単独世帯	夫婦のみの世帯	夫婦と未婚の子のみの世帯	ひとり親と未婚の子のみの世帯	三世代世帯	その他の世帯
1986	18.2	14.4	41.4	5.1	15.3	5.7
1992	21.8	17.2	37.0	4.8	13.1	6.1
1998	23.9	19.7	33.6	5.3	11.5	6.0
2004	23.4	21.9	32.7	6.0	9.7	6.3
2010	25.5	22.6	30.7	6.5	7.9	6.8
2016	26.9	23.7	29.5	7.3	5.9	6.7
2018	27.7	24.1	29.1	7.2	5.3	6.6

0　10　20　30　40　50　60　70　80　90　100(%)

出典：平成30年国民生活基礎調査の概況

世帯：法律で使われる言葉。住居及び生計を共にする者の集まり，または独立して住居を維持し，もしくは独立して生計を営む単身者。

家族：婚姻（結婚の法律用語）や多くの場合，血縁で結ばれる集団。ただし誰を家族とするか当事者の考え方にあり，血縁関係がない，あるいは法律で定めていない事実婚によるものなど多様である。

3世代世帯：夫婦・子ども・夫婦の親など3代の人がいる世帯のこと。

組　　番　名前

（3）私たちの社会には，あなたも含めて，考え方や背景の異なる多様な人たちが暮らしている。

正社員で働きたいけれど

シングルマザーのAさんは今は子どもが小さいため，アルバイトで働いているが，本当は給料や社会保険などの待遇がいい正社員で働きたいと思っている。子どもが熱を出した時，休むこともあるので今はアルバイトで我慢している。

17歳以下の子どもの貧困率は13.5％でひとり親の貧困率は48.1％と高い（2018年度「国民生活基礎調査」）。一人親家庭の女性の約半数は非正規雇用で所得も低い。

考えたこと

介護デイサービスの利用

Iさんは，義父を在宅で介護するために職を辞めて数年になる。毎日介護で買い物以外に外へ出る機会がなかった。最近高齢者のデイサービスを利用するようになって，義父もIさんも明るくなったような気がする。

介護をするのは同居の家族で，女性が65％，男性が35％。Iさんは介護をきっかけに辞めているが働きながら介護を続けられる仕組みが必要。（2019年度国民生活基礎調査）

考えたこと

障がい（視覚不自由）のあるBさん

今，自分は特別支援学校の高等部に通っていて大抵のことは自分でできる。でも，まだ車道と歩道の区別がないところや，歩道に視覚障がい者誘導用ブロックのないところなどがあって不安になる時もある。そんな時一緒に歩いてくれる人がいるのが嬉しい。。

障がいには聴覚・視覚・肢体不自由などのほか発達障がいなど様々ある。また老いるとは，聴覚が衰えるなど障がいが増えていくプロセスと言える。
バリアフリー：障がい者などが社会生活をする上で支障になること等を取り除くこと
ユニバーサルデザイン：障がいの有無や性別，年齢などに関わりなく誰もが生活しやすいモノや環境をデザインすること

考えたこと

ベトナムから留学しているTさん

Tさんは，ベトナムから日本の大学に留学するため，妻と4歳になるお子さんと一緒に来日しました。
Tさんは日本語ができるのですが，奥さんと子どもはほとんど話せないようです。お正月には，我が家に招いておせち料理で会食する予定です。

「多文化共生」とは，総務省によると国籍や民族などの異なる人々が互いに文化的違いを認め合い，対等な関係を築こうとしながら，地域社会の構成員として共に生きていくこととされている。

考えたこと

参考：ひとりひとりが幸せな社会のために～多様な21人からのメッセージ～，栃木県

組　　番　名前

今と未来をつなげる福祉

（1）4人の人が，自分や，家族・家庭での出来事について次のように語っている。

Aさん：高校1年（16歳）「家に居場所がなくて，食事もないときがある。SNSでサポートしてくれるっていう人がみつかったからご飯だけなら一緒に行こうかな」

Bさん：大学生（20歳）「年金保険のはがきが来たよ。まだ大学生だから関係ないよね」

Cさん：失業中（25歳）「コロナで仕事を辞めさせられた。どこにどう相談すればいいんだろう」

Dさん：会社員（30歳）「祖母が認知症になった。介護は私たち家族が頑張らないとダメなのかな」

> 支える仕組みにはどのようなものがあるか考え，
> ①人間のつながりの視点，②地域・社会とのつながりの視点から回答者になってみよう。

（2）家庭を支える社会の仕組みと課題

国の社会保障・福祉制度

日本の社会保障の4本柱

1 社会保険	年金，介護保険など
2 公的扶助	生活保護など
3 社会福祉	高齢者・障害者・児童などの福祉
4 公衆衛生	感染症対策など

> コロナ禍で，どんな社会保障制度が必要となっているだろうか？

社会保険の種類

	種類	保険料　その他	
医療保険	1健康保険等	標準月額のおよそ3〜10%	
	2国民健康保険	基礎額と世帯人員の所得を基準に照らして世帯として払う。	
	3後期高齢医療制度	75歳から上記2から移動する。	
年金保険	4厚生年金他共済年金	20歳から納入。学生納付特例制度あり。	報酬18.3%を会社と折半
	5国民年金保険		2020年度16,540円
労働関係	6雇用保険	失業に対応　会社と折半	
	7労働災害保険	労働による疾病等・会社が負担	
介護保険		40歳から納入。	70歳以上は年金から徴収。

育児・介護休業法

　1979年，国連が採択した女子差別撤廃条約は子どもの養育には男女・社会の3者が受けもつとした。その後1年間，育児のため休業できる育児休業制度（1992），さらに介護のために継続して3ヶ月休暇がとれる介護休業制度（1995）もはじまった。しかし現状は，図のような現状にある。男性の育児休業が進むには何が課題だろうか。

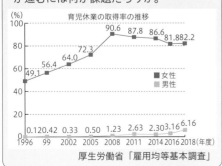

育児休業の取得率の推移

厚生労働省「雇用均等基本調査」

同性パートナーシップ証明制度

　日本は同性の婚姻を認めていないため同性のカップルは，賃貸の住まいを借りるのも困難という。この制度は同性をパートナーとして承認し性の多様性と尊重する社会をめざしている。2005年渋谷区から始まって2020年11月現在59自治体約1300組が証明を手にしている。

> あなたは賛成？反対？

地域が共同してつながる

　2013年，「子どもの貧困対策推進に関する法律」が成立以降，各地域で地元の食品店などの協力を得て，無料や格安の「子ども食堂」が全国にでき，今では子どもだけでなく，地域の交流の場になっている。

> 私たちの地域にある仕組みを知っている？

組　　番　名前

16 関係性を考える ～対等な関係

テーマ設定の趣旨

　私たちの暮らす社会には，対等な関係が築きづらい要因がたくさんある。例えば，根強く残る男性優位な社会，イクメンや女子力などの言葉に表れるジェンダー意識，女性の活躍できる社会の整備が進まない現状，これらについて真っ当な議論を展開できないメディア…。さらに新型コロナウイルス感染症は他者との距離のとり方を複雑にし，たくさんの意見を聞き，自分を見つめ，視野を広げる発達段階にある子どもたちに多くの影響を与えている。

　この授業では，自分にとって心地よい距離感は人により異なり，自分が大切にされることは，同時に他の誰かも大切にされて当然である「人権」を基本として構成した。また，恋愛関係に限らず，友人や家族などさまざまな視点を入れることで，誰にでも関係する内容とした。情報があふれ，関係性においても「こうあるべき」が形成される中で，自分に視点を置き，グループで意見を共有したり，普段の生活を振り返ることで，自分を見つめなおす時間にもなるのではないだろうか。

　子どもたちが社会の一員として，お互いを監視し合い，排除する窮屈な価値観でなく，包摂的で寛容な関係が築ける社会をめざすきっかけになる授業にしたい。

授業の展開　（1時間）どこまでの展開かは，児童・生徒の実情による。

展開	学習活動
導入	**1.どんな関係性を築きたいか。** ①事例を使った個人ワーク（自己理解）とグループワーク 　他人の意見を否定せず受け入れることを注意してから，意見交換をする。 ②ワークを経て，考えたこと・感じたことをまとめる。 　なんか違うなぁという「違和感」を持った時が重要なポイントと説明。
展開1	**2.違和感を持った時に考える，これって愛？暴力？** （1）暴力の構造 　　構造を説明し，問いについて想像する。 （2）暴力の種類 　　身近に暴力が潜むこと，災害時の増加について考える。
展開2	**3.もしもの時はどうすればいい？** ・相談機関や施設について調べる。 　余力があれば，民間の施設についても調べる。 ・授業を通して，社会とかかわることは，自分にとってどのような影響があるか考える。
展開3	**4.配偶者・交際相手からの暴力に関する資料から自分の考えを記入する** ※本授業は関係性がテーマであり，恋愛のみに視点を当ててはいない。
参考文献	橋本紀子他『ハタチまでに知っておきたい性のこと　第2版』大月書店　2017

1 どんな関係性を築きたい？

次のような事例をどのように感じるか。あなたの考えに近い所に印をつけよう。

また，班になって意見を交換し，自分以外の意見も聞いてみよう。

事例① 我が家は，時間に厳しく，帰る時間や食べる時間などきっちり決まっている。他にも決まりごとが多く，「我慢することで精神的に強くなる」といつも言われている。

愛 ——————————————｜—————————————— 暴力

≪理由≫
- -
- -

事例② 違うクラスの恋人は，自分以外の人と親しそうに話すことを嫌う。一緒に帰るとき「誰と何を話したか」「自分以外の人とあまり話さないでほしい」などと言う。

愛 ——————————————｜—————————————— 暴力

≪理由≫
- -
- -

自分以外の意見を聞いて，感じたこと，考えたことを書こう

2 違和感を持った時に考える，これって愛？ 暴力？

（1）相対的強者Aによる相対的弱者Bの主体性の剥奪を支配といい，それは暴力と同義。

$A > B$

【想像してみよう】

Q1 この支配関係が親子間で起こった場合，Bの逃げられる場所はどこだろう。
- -

Q2 友達同士が支配関係にならないために，どのような関係でいることが重要だろう。
- -

Q3 友達に恋人との関係で相談された。支配関係に似ている。『そんな人とは別れなよ』と言っても別れる気配がない。

右の資料を参考に，理由を考えてみよう。

暴力の爆発期
加害者は自分自身をコントロールできなくなる。

DVのサイクル
いったんおさまっても，
暴力は繰り返されます。
（すべての人にあてはまるわけではありません。）

緊張の蓄積期
加害者は，軽い暴力をふるうなど，緊張が高まっていく。

ハネムーン期
加害者は，優しくなり，後悔したり，もう絶対にしないと約束をしたりする。

- -
- -

組　　番　名前

(2) 暴力には種類がある

身体的な暴力	殴る，蹴る，物を投げる，噛みつく，監禁する，髪を引っ張る …
精神的な暴力	大声を出す，バカにする，無視する，説教する，自殺すると言って脅かす，秘密をばらすと言って脅す，子ども扱いする，自信を奪う …
性的暴力	無理やり体をさわる，性行為に応じないと不機嫌になる，避妊に協力しない，別れることに同意しない，つきまとう，体についてひどいことを言う …
経済的・社会的な暴力	お金を払わせる，バイトをさせる，バイトを辞めさせる，友達との付き合いや家族との連絡を制限・禁止・妨害など相手を社会的に孤立させる …
デジタル暴力	相手に許可なく情報や写真を SNS などに拡散する，相手の携帯を勝手に見る，頻繁に電話やメールをする，返信等を強要する，携帯を使用し行動を監視する …

新型コロナウイルス感染症などの災害時には，世界的に弱い立場の人に対する暴力が増加する。なぜ，増加するのだろう。その理由（背景）について，あなたの考えをまとめてみよう。

③ もしものときはどうすればいい？

もしも，あなたや，あなたの友人，大切な人が暴力の被害者・加害者であったとき…
①誰に相談するだろう。考えてみよう。

②相談できる施設の役割を調べてみよう。

　　　★DV相談窓口　　　　　　　　　　　　★児童相談所

　　　★地域包括支援センター　　　　　　　★警察

社会とかかわることは，自分にとってどのような影響があるか考えてみよう

組　　番　名前

④ 配偶者・交際相手からの暴力

次のグラフをみて，感じたこと，考えたことを記入しよう。

資料1　警察における配偶者からの暴力事案等の相談等件数の推移

　2020年に各地の配偶者暴力相談支援センターに寄せられたDVの相談件数は，前年の4月と比べて約30％（13,468件）増え，5月は約20％（13,466件）に上った。（内閣府）

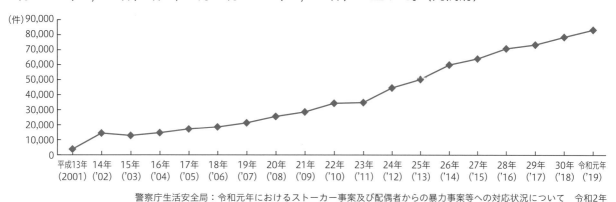

警察庁生活安全局：令和元年におけるストーカー事案及び配偶者からの暴力事案等への対応状況について　令和2年

資料2　配偶者からの暴力事案等の年齢別被害者・加害者数（人口千人当たり）

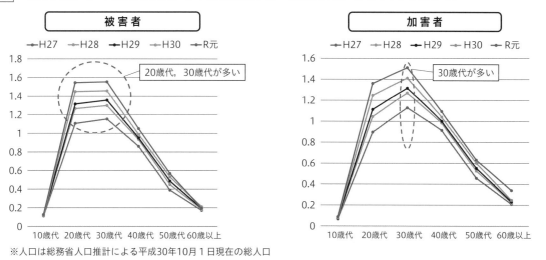

※人口は総務省人口推計による平成30年10月1日現在の総人口

警察庁生活安全局：令和元年におけるストーカー事案及び配偶者からの暴力事案等への対応状況について　令和2年

資料3　交際相手からの暴力の被害経験

　女性の約5人に1人，男性の約9人に1人は，交際相手からの被害を受けたことがある。

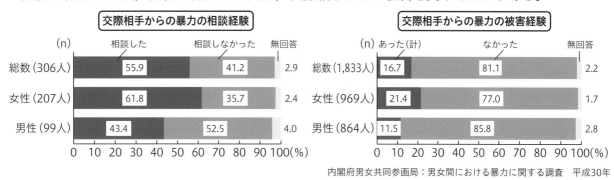

内閣府男女共同参画局：男女間における暴力に関する調査　平成30年

資料から考えたこと，感じたことを書こう。また，近くの人と話してみよう

組　　　番　名前

テーマ 17 世帯主とは？

テーマ設定の趣旨

　政府の新型コロナウイルス感染症緊急経済対策「全国すべての国民を対象に，一律に一人当たり10万円の給付」の内容は，「対象者は，住民基本台帳に記録されている者」「受給権者は，その者の属する世帯の世帯主」「世帯主が申請し，世帯主名義の銀行口座に世帯員分まとめて振り込む」であった。これに対し，DV（ドメスティック・バイオレンス）等で実際は世帯主と離れて暮らしている人や住民基本台帳に記載されていない人には給付されないのかという疑問の声が上がり，その声に押されて政府は特別な対応を講じていった。しかし，問題はそれだけではない。今回の「一人一律10万円」は，全国民を対象としており，「世帯主に一括給付」することによって，表面上は問題のない「世帯」の人々からもその不合理があぶりだされ，改めて「世帯主とは？」を多くの国民が意識することになった。

　戦後の民法改正で，「家制度」は廃止されたはずだが，姿を変えて残存していることがあからさまになったともいえる。家族法を学びながら「世帯主とは？」を取り上げ，改めて「個人の尊厳と両性の本質的平等」という日本国憲法の精神について考えさせたい。

授業の展開 （3時間〜 4時間）

展開	学習活動
導入	生徒の実情にあわせ，教科書に沿って授業を進める。 1. 家族って何だろう　**シート1** (1)「家族」と聞いてもつイメージを出し合いながら，家族にまつわる様々な言葉や法律について学ぶことを確認する。
展開1	(2) 家族と世帯はどう違うのか ・教科書で「世帯」という言葉を確認しておく。 ・住民基本台帳法で「世帯」と合わせて「世帯主」という言葉があることに着目。 ・特別定額給付金の受給権者が「世帯主」であったことの問題点を，ネット上の声や新聞記事などから考える。
展開2	2. 家族に関する法律　**シート2** (1) 家族と法律の関係って？　婚姻届，出生届の用紙から考える。 (2) 戸籍とは？　戸籍法条文から，戸籍に記載される内容を確認する。 (3) 戦前の戸籍と戦後の戸籍の比較。図をもとに説明する。 (4) 何故変わったのか，「家」制度の廃止について　**シート3** ・憲法24条の文言を読み，具体的にどう変わったかを民法で確認する。 (5) 日本の現状と他国の様子 ・民法改正の動きを紹介し，非嫡出子という言葉や夫婦同姓について考える。 3. 他国の様子なども見て，日本の現状に対する考えを問う。
参考文献	遠藤正敬著「戸籍と無戸籍」人文書院（2017） 下夷美幸著「日本の家族と戸籍」東京大学出版会（2019）

1 家族って何だろう

(1)「家族」と聞いて，どんなイメージをもつ？

- -

(2)「家族」と「世帯」はどう違う？

◆法律はどうなってるの？　世帯という字に下線を引こう。

> **住民基本台帳法における「世帯」の記述（住民登録の法律）**
> **第六条**　市町村長は，個人を単位とする住民票を世帯ごとに編成して，住民基本台帳を作成しなければならない。
> **第七条**　住民票には，次に掲げる事項について記載をする。
> 一　氏名
> 二　出生の年月日
> 三　男女の別
> 四　世帯主についてはその旨，世帯主でない者については世帯主の氏名及び世帯主との続柄
> 五　戸籍の表示。ただし，本籍のない者及び本籍の明らかでない者については，その旨
> 六　住民となつた年月日
>
> （以下略）※14項まで記述がある。

◆世帯主って誰のことだと思う？

- -

【最近の出来事】

　「新型コロナウイルスの感染症感染拡大を受けた緊急経済対策としての特別定額給付金（国民一人一律10万円）」の受給権者は世帯主と決められた。

> 朝日新聞「＃ニュース4U」のLINE友達アンケートに寄せられた声（朝日新聞デジタル2020/06/14の記事）
> ○うちは，高齢の父親が世帯主。渡してもらえるかどうか，入金されたかどうかすら分からない。（40代女性）
> ○家族単位にすべきでない。DVで逃れている人たちが身近にもいる。夫側に渡ったら戻らない。話し合いでというのは絵空事。各個人が，窓口で受け取れるようにすべきだ。（60代女性）
> ○ニュースで世帯主に一括して渡すと知り，家族で話し合い，それぞれに10万円ずつ渡すと決めた。だがあまりニュースにならなければ世帯主が自由に使うのではないか。男女雇用機会均等法ができても，男尊女卑の考えがあるように思う。（50代女性）
> ○高齢のお母さんと暮らす友人が，世帯主である夫とお母さんの給付金をめぐり，けんかしたそうです。友人の夫は「面倒をみているのだから一家の家計の足しにしていい」と考え，友人は「最近，うつ傾向がある母親に楽しい思いが出来るように使わせてあげたい」と考えていた様子。世帯主単位で支給する考え方では，個人の尊厳を守れない。（60代女性）
> ○大人3人で生活しています。主人の口座に振り込まれ，その後それぞれに渡してくれるものと信じていますが…夫とこの件について話してはいません。（50代女性）
> ○給付のスピード重視で，さらに今回のコロナ禍に対し，複数の給付金や支援制度があることなどを考えると，世帯主への給付はある程度は評価できる。手続きの簡素化は，他の行政手続きも同じ課題があると思います。（40代男性）
> これまで「世帯」でひとくくりにされて困った経験はありますか？―みなさんの声
> （立憲民主党女性自治体議員有志が行ったアンケート＊より）
> ○児童手当が世帯主に振り込みだということ。世帯主がお金にルーズだったり，多忙で児童手当が振り込まれているか確認してもらう暇もなかったり，又，その度にこちらで催促することがあったり，お互いにストレス。（30代女性）
> ○生活保護の申請が出来なかった。（30代男性）
> ○奨学金の受給基準が「世帯年収」や「家族収入」であること。扶養をはずれて，親から仕送りを貰っていないため，私がいくら困窮しても「世帯」とくくられてしまい，私は困窮したままです。（20代女性）
> ＊ネット上で行った「あなたは10万円受け取れそうですか？アンケート」2020/04/23から05/20まで

> 上記の「声」を読んで，気づいたことや問題点を考えてみよう。

2 家族に関する法律

(1)「家族」と法律の関係 ―婚姻届, 出生届を見て気になることは？―

（婚姻届・出生届の記入用紙画像）

(2) 戸籍とは？

【戸籍法】
第二章　戸籍簿
第六条　戸籍は, 市町村の区域内に本籍を定める一の夫婦及びこれと氏を同じくする子ごとに, これを編製する。ただし, 日本人でない者（以下「外国人」という。）と婚姻をした者又は配偶者がない者について新たに戸籍を編製するときは, その者及びこれと氏を同じくする子ごとに, これを編製する。
第九条　戸籍は, その筆頭に記載した者の氏名及び本籍でこれを表示する。その者が戸籍から除かれた後も, 同様である。

◆上記は戸籍法の一部抜粋である。ここからわかることは何か。

◆「戸籍（戸の籍）」の意味は？　「戸」がつく言葉をあげてみよう。

➡「戸」には（　　　）の意味がある。＿＿＿＿＿＿＿＿＿＿＿＿＿＿＿

(3) 戦前の戸籍と戦後の戸籍の違い

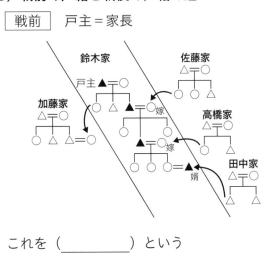

戦前　戸主＝家長

これを（＿＿＿＿＿）という

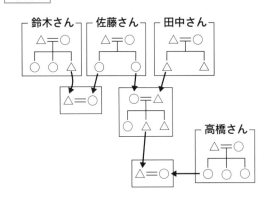

戦後

組　　番　名前

（4）何故変わったのか

日本国憲法（1946年公布）

第24条

1．婚姻は（＿＿＿＿＿＿＿）に基づいて成立し，夫婦が（＿＿＿＿＿）を有することを基本として，（＿＿＿＿＿）により，維持されなければならない。

2．配偶者の選択，財産権，相続，住居の選定，離婚並びに婚姻及び家族に関するその他の事項に関しては，法律は，（＿＿＿＿＿＿＿＿＿＿＿＿）に立脚して，制定されなければならない。

◆戦前と戦後，変わったことを民法で確認しよう。

戦前	戦後

家制度は（＿＿＿）された

（5）日本の現状と他国の様子

◆日本国憲法で「夫婦や家族は平等」となったのに，戦前の「家」制度の名残はないだろうか？

婚姻を妻の氏で届け出た夫婦の割合
（　　　）％
（厚生労働省 人口動態統計調査2017年より）

◆民法改正等の動き

嫡出子？　非嫡出子？　なぜ区別？

【婚外子の相続差別】2013年法改正前は，非嫡出子の相続分は嫡出子の1/2であった。現在は同等である。
2013年の最高裁違憲判決要旨
　現在，我が国以外で嫡出子と嫡出でない子の相続分に差異を設けている国は欧米諸国にはなく，世界的にも限られた状況にある。
　また，本件規定については，国連関連の委員会等から懸念の表明，法改正の勧告等が繰り返されてきた。父母が婚姻関係になかったという，子にとっては自ら選択ないし修正する余地のない事柄を理由としてその子に不利益を及ぼすことは許されず，子を個人として尊重し，その権利を保障すべきである。

戸籍法49条の2
出生の届書には，次の事項を記載しなければならない。
①子の男女の別及び嫡出子又は嫡出でない子の別
以下略

◆世界に目を向けてみよう。

○日本のような戸籍がある国は（＿＿＿）

西欧の身分登録
基本的に個人単位・事件別

韓国の「家族関係登録」
個人単位で，婚姻・親子関係などを登録

韓国
日本統治時代の戸籍を引き継いだ戸籍制度があったが，2008年に廃止。現在は「家族関係登録」という，個人ごとに婚姻などを登録する形になっている。

○法律で夫婦同姓を義務づけている国は（＿＿＿）

シート1～3の内容を学習してわかったことと，あなたの考えを書きなさい。

組　　番　名前＿＿＿＿＿＿＿＿＿＿＿＿

18 多様性とは？〜障がい，LGBT，外国人等

テーマ設定の趣旨

　新型コロナウイルス感染症の拡大（コロナ禍）により，障がい者，セクシュアル・マイノリティ，移民，在日韓国人などマイノリティの立場にある人たちへの差別や偏見，暴力が顕在化した。コロナ禍により差別されたというよりは，普段は見えないあるいは見ないことにしていた差別がより見えるようになったと言える。他と「異なること」や少数派を差別の対象にしがちである。この混乱に乗じたスケープ・ゴート化や排外主義も世界的に広まっている。また，「自粛要請」との掛け声のもとに，私たち一人ひとりも自己規制，相互規制，排除，監視し合う社会に，知らず知らず加担してしまう可能性がある。

　私たちの社会は，国内外においてグローバル化が進む中で，今まで以上にさまざまな異なる人々とかかわり，互いの文化的違いを認め合い，対等な関係を築いていく必要がある。人権にセンシティブになり，異質なことを恐れるのでなく，寛容な気持ちで一人ひとりの多様性を認め尊重し合う社会を構築することが求められている。

　コロナ禍は，一方で社会の連帯を構築する機会，政治を点検する機会でもある。可視化されたきた問題を一つひとつ解決してインクルーシブな社会へ進めることを可能にする。

授業の展開 （2時間〜）

展開	学習活動
導入	新型コロナウイルス感染症の広まり以来，求められている新しい生活様式の1つがマスク着用だが，常時マスクをつける生活を経験しての感想は？
展開1	**シート1　マスク着用について考えよう。** ・マスクをしていない人を見たときどう思うか。 ・マスクをしない理由や状況，マスクをつけることの問題を理解する。 　　感覚過敏症をともなう発達障がい，聴覚障がいなど 　　子どもの発達面・養育面からの問題など ・マスク着用を一面的にとらえない。規範力が排除につながる危険性を理解する。
展開2	**シート2　LGBTとは？** ・男女別の制服について考える。 　　学校に変化の兆し（トイレや制服の改善への取り組み） ・コロナ禍のLGBT当事者の人たちの声（困難や生きづらさ，社会の課題） ・セクシュアリティ，セクシュアル・マイノリティ，SOGI
展開3	**シート3　偏見や差別，暴力の広がり** ・コロナ禍で顕在化する差別や暴力（LGBT，他民族，移民，障がい者等へ） ・偏見，差別，暴力の背景（感染との関連）。政治との関連 ・解決や改善に向けて（個人レベル，社会レベル）
参考文献	加藤秀一「はじめてのジェンダー論」有斐閣（2017） 森達也（編）「定点観測 新型コロナウィルスと私たちの社会　2020年前半」論創社（2020） ele-king編集部（編）「コロナが変えた世界」Pヴァイン（2020）

マスク着用について考えよう

(1) 新しい生活様式である常時マスクをつける生活を経験して，どんな感想をもつだろうか。

・マスクをつけることで困ったことはあるだろうか。また，どんな人が困っているだろうか。

・マスクをしていない人を見たときどう思うだろうか。

(2) 次のエピソードを読んで，マスクをつけることの困難や問題を考えよう。

子どもが自閉症ゆえの感覚過敏でマスクをつけられないので，「入店お断り」は本当につらい。つけないと外で他人に嫌な顔をされ，かといって無理にマスクをつけると子どもが大暴れ。
（感覚過敏は，視覚や触覚など五感への刺激で，痛みなどの過剰な感覚が引き起こされると考えられている。）

聴覚障がいをもつ人のなかには，「読話」といって，相手の口の動きを見て，話の内容を理解する人がいる。

障がいによっては言葉だけでの指導が難しい場合がある。必要に応じてマスクを外して表情をしっかり見せたうえで身ぶり手ぶりも交えながら伝える必要がある。

肺の病気のため，マスクをすると苦しくなる。

また，保育園からは次のような報告もある。

マスクをしたまま離乳食を食べさせていたところ，食べ物をかまずに飲み込む子どもが出てきた。

1歳児のままごと遊びの時に，保育士がマスクをつけたまま食べるしぐさをしたところ子どもが怒り出すことがあった。

専門家のコメント
・子どもは，口の動きをまねしたり，おとなの表情から気持ちを読み取ったりしているので，表情が見えないと不安になります。
・子どもがマスクをしていると，子どもの体調を読み取るのが困難になります。

マスクをつけられない状況にはどんなことがあるだろうか，また，どんなことが問題だろうか。私たちができること，気をつけることはどんなことだろうか。

LGBTとは?

(1) ある中学校では次のような取り組みがあったが，学校の制服について考えてみよう。

> あなたは制服が男女で分かれていることに賛成だろうか，反対だろうか。どうしてそう思うのだろうか。

男性のスカートはおかしいのでは?

愛媛県の丹原東中学校では，2014年度からLGBTについて全校生徒が学んでいる。文化祭でLGBTを取り上げた自作劇を披露したり，小学校での「出前授業」をしたり。生徒の発案から，生徒総会で「思いやりトイレ」の設置を決めた。多様な性を示す虹をあしらったデザインも生徒が考えた。LGBTだと友人にカミングアウトした生徒がすでに数人いるという。本校で講演したゲイのエディさん（日本人男性）は「打ち明けられる友達や先生が自分にもいたら，人生変わっていたかもなと思います。一人きりでつらい思いをしなくてもいい環境は，とてもうらやましいですね」と言う。現在制服の見直しも，学校側との間で進められている。（『読売新聞』2017年2月5日より）（※同校ではその後検討・改善を続けている。）

(2) コロナ禍になり，次のような声が聞かれた。

自分がゲイであることを家族に隠しているので，ステイ・ホームでずっと家族といると，自分らしくいられないので苦しい。唯一話せた養護の先生と話せなくてつらい。

検査で陽性だったら自分がトランスジェンダーであることが公表されてしまうのではと恐れて，検査に行けない。

北欧ではほとんどの学校で個室トイレなんだって。

> ・なぜ（2）のようなことが起こるのだろうか。
>
> ・(3) から，LGBTからSOGIになった背景にはどんなことがあるだろうか。

(3) ところでLGBTとは？

セクシュアリティとは
次の4つの要素でとらえられることがある。
・身体の性（外性器，内性器，性染色体，性ホルモンなどの要素がある）
・性自認（自分の性に対する認識）
・性的指向（どのような性の人が好きか）
・性表現（自分をどのように表現したいか）
各要素は男女二分法ではなくグラデーションである。私たちのセクシュアリティは，各要素の多様な組み合わせによりさまざまであり一人ひとり違っている。

LGBTとは
L：レズビアン（女性同性愛者）
G：ゲイ（男性同性愛者）
B：バイセクシュアル（両性愛者）
T：トランスジェンダー（生まれたときに割り当てられた性と自分が思う性が一致せず違和感をもつ人）
これらの頭文字をとってつくられたセクシュアル・マイノリティを表す言葉。LGBTsやLGBTQ等も使われている。L・G・B・Tの他に，無性愛，定めたくない，揺れている等セクシュアリティは多様である。

SOGI（ソジ）とは
性的指向（Sexual Orientation）と性自認（Gender Identity）の頭文字からつくられた言葉。誰にも自分のSOとGIがある。誰もがそれぞれのセクシュアリティをもち，多様な一人であり，自分の問題としてセクシュアリティを考え，自分で決めるという考えにもとづく。みんなが「変わっている」一人である。性も障がいも，属性・アイデンティティの1つなのである。

世界では2000年以降同性婚等を法制化する国が増えている。日本は国としては認めていないが，地方自治体では条例を制定するなどして認める所が続々と増えている。

組　　番　名前

偏見や差別，暴力の広がり

(1) コロナ禍では，国によっては次のような動きもあった。

・ペルーでは，男女別に外出規制が行われた。

・ギリシャでは，セックスワーカー（自分の性による労働で賃金を得る）として働くトランスジェンダーの女性に政府の支援金が支給されない。

・韓国では，多くの場所でクラスターが発生したのにゲイクラブだけ取り上げヘイト感情を煽った。

> これらの何が問題なのだろうか。どうしてコロナ禍で起こるのだろうか。

(2) コロナ禍では，民族や障がいなど性以外にも「違い」を理由にした差別が多くなった。

・2020年5月にアメリカ合衆国ミネソタ州ミネアポリスで起きた白人警察官による黒人暴行死も，コロナ禍による社会的緊張も要因だという見解がある。

・ヨーロッパではバスに乗っていた中国人の少年が途中で降ろされるという事件があった。

・さいたま市では，新型コロナウイルス感染症対策のためのマスク配布先から朝鮮学校幼稚部を除外していた（のちに撤回）。

感染爆発のたびに差別と虐殺が起こってきた歴史がある。

> イライラしていると差別感情が高まるのかな。

> 感染症が広がるときには「目に見えない危険が身近に迫っている」という恐怖からのパニックが起こりやすい。理性によってパニックの度合いを弱め短期に収束させることはできる。14世紀のペスト流行ではユダヤ人排斥の動きが強まり，16世紀の梅毒感染では性産業に従事する女性たちが標的になり。恐ろしいのは，加害者は本当に「普通の人」ということ。「善良な市民」が暴力をふるう側に回る。すべての問題がつながっている。感染症の問題も政治の問題も。（石弘之・落合恵子「通販生活No.273」カタログハウス（2020）より）

> 感染による混乱に乗じて，社会的に影響力をもつ政府，教会，メディアなどの組織が，感染拡大の責任を，セクシュアル・マイノリティをターゲットにして攻撃する現象である「スケープ・ゴート化」が世界的に起こっている。（https://www.buzzfeed.com/buzz　2020.8.27）

しかし，政策・リーダーにより各国の状況は違った。例えば，

> 女性のリーダーが突出している。台湾，ニュージーランド，ドイツ，アイスランド，フィンランド等。国民からの信頼が厚い。特徴として挙げられるのは共感力とコミュニケーション力。共感力の中に弱者への視線がある。共感力を伴うリーダーシップと断固たる決断力は矛盾しないで共存する。女性リーダーを生み出す国は，民主主義が成熟している。（上野千鶴子，ele-king編集部「コロナが変えた世界」Pヴァイン（2020）より）

> ・差別や偏見はどうして起こるのだろうか。特にコロナ禍で起こりやすいのはなぜだろうか。
>
> ・黒人差別に対する運動（Black Lives Matter）やme too運動などが世界的に広まっているが，日本ではあまり広がっていない。これからどうしていけばよいのだろうか。
>
> ・「すべての問題はつながっている」とあるが，日本の政治をどのようにしていけばよいだろうか。

組　　番　名前＿＿＿＿＿＿＿＿＿＿＿

107

テーマ 19 日本の〈性〉に関わるこれまでとこれから

テーマ設定の趣旨

　セクシュアルヘルス（性の健康）は基本的人権であり，性について学ぶことは重要な権利である。性の学びは，自分のからだをどう捉えるか，どのように良い状態にするか（セルフケア），他者とどのような関係を築くか／築かないか，何か課題がある時にどのように対応するか，それらに影響を与えている社会背景をどのように捉え，変革しうるかを考えるまで，実に幅広い。

　しかしながら日本ではこの権利が保障されているとは言い難い。こうした中，SNSにおける性被害や，恋人間の暴力が問題となっている。また，子どもの権利条約や女性差別撤廃条約の勧告においても，性に関する問題と教育や啓発の重要性が指摘されている。また2020年6月に内閣府と文部科学省でも性犯罪・性暴力対策の強化の方針を打ち出し，教育・啓発活動として就学前から社会人を対象とした教材の開発に乗り出している。単なる予防教育ではなく，誰もが自分事として考える実践や，人権課題を生み出す構造そのものを考える学習機会が必要である。そこで本授業ではまず人権としての性について，身近なところから考え，日本の現状と課題について考える中でこの背景にあることとは何かを考えるきっかけとしたい。

準備

これまで性について学んだ経験があるか，学んだ感想等を振り返っておくように伝える。

授業の展開 （3時間〜4時間）

展開	学習活動
導入	**教師の発問**：性と聞いてどのような印象があるか，学んだ経験を聞く。
展開1	**シート1** ❶自分の特徴をあげ，1つに絞って説明なしで自己紹介をするという作業を通して，人間は1つの特徴だけで説明できない多面的で複雑であること，自分でも気づいていない自分もいることを確認する。それなのにいくつかの特徴だけで判断されて生きづらくなるというのがおかしいということを体感する。
展開2	**シート1・2 ❷(1)(2)を通して性に関わる思い込みや偏見に気づく** 性は生まれてから死ぬまで様々な場面で関わることが多いことを確認する。 ❸学校生活における性の問題について考える。 若者に多い2つの事例を通して，学生生活にある権利侵害について考える。人権としての性が軽視されている背景があることを知る。また最近の性暴力や性被害の現状を知る。
展開3	**シート3 ❹性に関わってコロナ禍で起きていることを知る。** ・非常時だからこそ，人権としての性に立ち戻る必要があることに気づく。 　個人レベルだけではなく，社会／政治レベルの解決策も考える。 ・国際的な動向を確認する。
参考文献	・橋本紀子他『ハタチまでに知っておきたい性のこと　第2版』大月書店，2017

※「展開2」3のbodily integrity/bodily autonomyはBlue Seat Studios『consent for kids』（日本語字幕）を活用すると良い。

1 人権としての性

①あなたの特徴を3つ挙げてみよう。

 (   ) (   ) (   )

②そのうちこれは自分を紹介する上で外せないという特徴を1つ選ぼう。

             (   )

③次にその特徴を説明せずに,「私は○○です」と隣の人と自己紹介をしてみよう。その時に○○
 には最後に残った特徴を入れ,他の説明をしないこと。

     私は『   』です。

④①～③をやってみて,何か気付いたことはないだろうか？

2 性に関わる思い込みや偏見

(1) 次の①～⑥の文章を,意味がつながるように並べ替えてみよう。

 ①路上で交通事故がありました。

 ②外科医は「息子！　これは私の息子！」とおののきながら叫びました。

 ③重傷の息子の身元を,病院の外科医が確認しました。

 ④父は軽傷です。

 ⑤息子は入院しました。

 ⑥タンクローリーが,ある男性と,その息子をひきました。

  ( )→( )→( )→( )→( )→( )

(2) 登場人物の関係を書いてみよう。できるだけたくさんの関係を考えてみよう。

グラハム・パイク / ディヴィッド・セルビー『地球市民を育む学習 -Global Teacher, Global Leaner-』明石書店，1997年

（3）以下に挙げた事柄から，身近なところでの性の思い込みがないかを考えて書き入れよう。

> 色，おもちゃ，テレビ，CM，遊び，服，言葉，スポーツ，食べ物，職業，働き方，家事，恋愛，結婚，セックス，教育，学校，勉強，進路，恋愛，音楽，映画，絵本…

例；　　　おもちゃ　　　に関わる性の思い込み

　　　その内容：車や飛行機のように男の子のおもちゃ，ぬいぐるみや人形のように女の子のおもちゃがある。

① 　　　　　　　　　　に関わる性の思い込み

　　　その内容：

② 　　　　　　　　　　に関わる性の思い込み

　　　その内容：

アンコンシャス・バイアス

無意識の偏見や思い込み。これによって1人ひとりの可能性が狭められてしまうこともある。

❸ あなたならどう思う？何ができる？

　自分のからだは自分で整え，誰にも侵害されないという感覚（**bodily integrity/bodily autonomy**）とは何だろうか？あなたの考えを書いてみよう。

Case1

　この学校では教室で体育着に着替えなければいけない。性別に関わらず気になる。廊下を通る人もいるのに…

Case2

　友だちが性的な写真や動画を送ってくる。こういうのをセクスティングと言うらしい。やめて欲しいって言いづらい…

資料：性暴力の被害経験

・「無理やりに性交等をされた経験がある」女性7.8％，男性1.5％。被害経験があった時期は20代が49.4％，30代が22.0％，18・19歳14.0％，小学生12.2％となっている。加害者の6〜7割はパートナーや知人。6割が誰にも打ち明けずにいる。（5000人対象，内閣府男女共同参画局，2018）
・電車や道路でのハラスメント被害は女性70％，男性32.2％が経験している（♯WeTooJapan，2019年）

　　　　　　　　　　　　　　　　　　　　組　　番　名前

④ コロナ禍で起きていたこと/起きていること

(1) 以下のCaseのうち，最も印象に残ったものを1つ選びその理由を書こう。

Case1

妊娠・出産に関わる相談：妊娠し，育てることができず困っている女性からの相談が急増。月20〜30人だったのが，2020年6月，7月は150人を超えた（小さないのちのドア　兵庫）

Case2

シングルマザーの貧困問題：収入減少世帯が48.6％，収入がなくなる世帯5.8％。「水道代節約のためにトイレは1日1回しか流さない」など生活苦の限界を訴えた。（しんぐるまざーず・ふぉーらむ調査，2020年）

Case3

DV相談：3割増加（4月昨年比）（全国の配偶者暴力相談支援センター報告，2020年5月速報値）

Case4

自殺率：15％増，30歳以下の女性の自殺率は昨年比（8月）の74％増，10代は3.6倍（厚労省調査，2020年）

Case（　　　　）

理由

---

(2) 選んだCaseの解決策を，個人・社会/政治レベルで考えてみよう。

例）Case2

個人レベル➡一人で抱え込まないで，相談できる人や相談機関を探す。

社会/政治レベル➡こうした現状をメディア等で広く知らせる。

より不利益や不便を強いられやすい人への支援を重点的に行う。

個人レベルの解決策は？

社会/政治レベルの解決策は？

---

(3) 世界の動きを調べてみよう。

人権高等弁務官事務所をはじめとする国連諸機関は，新型コロナウイルス感染症対策は「人権を最前線かつ中心に据えるべき」との合言葉とともに，人権のメッセージを発信し続けている。ヒューライツ大阪ウェブサイト https://www.hurights.or.jp/japan/news2/2020/04/post.html （一部翻訳・要約された文書を確認できる）

組　　番　名前

差別のない社会に
―全員が障害者で見えたもの―

熊谷晋一郎

東京大学先端科学技術センター准教授1977年山口県生まれ。東京大学医学部を卒業後，小児科医として病院勤務を経て2015年より現職。専門は小児科学，当事者研究。脳性まひで車椅子生活を送る。『小児科の先生が車イスだったら―私とあなたの「障害」』(2019年)他，著書多数。

コロナによって起きた総障害者化

障害者とは，体が平均的な人と違うからではなく，その時々の社会環境に体が合っていない人々と定義できる。社会が変化すれば，ある日障害者になることは起きる。コロナによりみんな不便を感じている。社会環境が自分のニーズを十分に満たしてくれない状況は，コロナによって"総障害者化"が起きたといえる。

連帯か排除か，誤った知識が差別を生む

コロナ禍のもとで，みんな同じ困難な思いをしていることから「連帯」が生まれるか，みんな余裕がなくなり，自分以外の人々よりも自分のニーズを優先し，他者を排除し，「差別」に向かっていくか。

人々は個人名ではなく，"コロナ感染者"とか"障害者"とか，その人々を束ねるカテゴリー名（属性）で差別する。その属性は様々な偶然や社会のプレッシャーによって生じたものであるが，あたかも本人の選択で陥ったと信じられ，差別の対象になりやすい。

感染症はどんなに気をつけていてもかかる時はかかる。自己責任ではないのに「感染症になってごめんなさい」と，自分で自分を差別する（自己スティグマ）ことなどがその例である。自分を差別してしまうことは，社会の中で差別が蔓延している証拠である。正しい知識で差別が起きることはない。誤った知識の上に差別心が生まれる。

アジャイル（機動性が高い）な社会が問題を解決する

障害がある人は介助を受ける時，密にならざるをえない。感染症に対して脆弱な状況である。脆弱さには格差がある。医療資源が有限な場合，重症な人（脆弱性の大きい人）に，より濃厚な医療資源を分配しようというのは「脆弱性の原則」である。しかし世の中を見ると，例えば高齢者や障害者などの「価値のない命」には分配しないという主張（優生思想）がある。そうした流れにどう対抗するのか？

国連の事務総長がパンデミック下において，障害がある人をどうインクルーシブ（包み込む）に治療し，どうアクセシビリティ（利用しやすさ）を保つかの指針を示した。その中で"アジャイルな社会"の実現が提言されている。"アジャイルな社会"とは，不測の想定外のトラブルが起きた時に，迅速にそれを把握し，立て直す社会である。

コロナが始まる前から多様な人々がいて，困りごとが多様に分散している状況では，強権的なリーダーによるトップダウンではなく，ボトムアップで現場から声を吸い上げ，そこから組織全体が絶えず学習して，適切できめ細かな対応をとっていく社会が"アジャイルな社会"のイメージである。

自立とは依存先を増やすこと

自立している状況とは，何者にも依存しないことではない。少数の者に依存するのも違う。ひとつのものから裏切られても大丈夫なほどに，たくさんのものに依存している状況が自立につながる。障害だけでなく，子育てや介護を含むケア全般の依存先を増やすことが重要である。

コロナによって，今まであまり目立たなかった格差や差別が拡大され見えてくる。連帯にいくのか，排除・差別にいくのかの岐路に立たされていることなどを，立ちどまって考える機会にしたい。

（NHKハートネット「コロナの向こう側で」(1)2020年6月5日公開より抜粋）

第 **7** 章

命をまもり健康にくらす

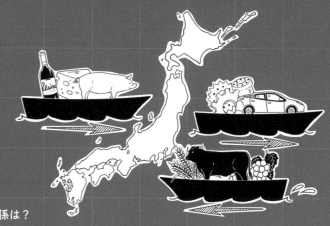

自由貿易と食料自給率の関係は？

テーマ 20 食品ロスはなぜ発生するのか

テーマ設定の趣旨

　日本は食料自給率が低く，多くの食品を輸入に頼っている。その一方で，食べられる食品を廃棄する食品ロスを大量に生み出している。家庭では多くの食品を無駄にしている。賞味期限の表示を正しく理解していなかったり，食品を大切にする意識が薄くなり，まだ食べられる食品もゴミとして捨てられているのだ。しかし家庭からだけでなく，食品ロスは食品の生産，流通の過程でも大量に発生している。「3分の1ルール」という商慣習や，コンビニが弁当を消費期限の切れる直前になっても値下げ販売しないなど，事業者側にもさまざまな課題がある。そしてそれらは私たち消費者の食品購入の姿勢とも密接に関連している。

　食品ロス削減推進法も施行され，行政も食品ロス削減のために意識啓発に乗り出したが，消費者に「もったいない」意識を持たせようという点に大きく力が入れられているように感じる。しかし，家庭での食品ロスだけでなく，社会全体の問題としてとらえたい。私たちが，食品ロス削減のために消費者としてどのような意識を持ち，行動していくべきなのか生徒に考えさせたい。

授業の展開　（1時間〜）

展開	学習活動
導入	今回は，食品ロスについて学ぶと伝える。
展開1	シート1で授業を進める。 ①食品ロスとは何か ・食品ロスが大量に発生していることを知り，どんな場面でまだ食べられる食品が廃棄されているのか整理する。
展開2	シート2で授業を進める。 ②食品ロスは何が問題なのか
展開3	③食品ロスを減らす取り組み ・商慣習の3分の1ルールについて学び，この慣習を2分の1に緩和する動きがあることや，賞味期限の表示を年月日ではなく年月に変更することも推進されていることに触れる。 シート3で授業を進める。 ・フードバンクなど民間でも動きがあることを知る。フードバンクはボランティアが主体なので，資金面や食品の安全性など課題もあることを伝える。 ④海外での取り組み
まとめ	食品ロス削減のためにどんな対策が重要か考える。
参考文献	井出留美監修「食品ロスの大研究」（株）PHP研究所（2019） 井出留美「捨てられる食べ物たち　食品ロス問題がわかる本」（株）旬報社（2020） 小林富雄「知ろう！減らそう！食品ロス②食品ロスを減らすには」小峰書店（2020）

食品ロスはなぜ発生するのか

① 食品ロスとは何か

食品ロスとは，食べられるのに捨てられてしまう食品のことである。

日本の食品ロス量は，日本人1人当たりに換算すると，毎日，お茶碗約1杯分（約140g）を捨てている計算になる。

発生要因の内訳

○我が国の食品ロスは612万トン※農林水産省・環境省（平成29年度推計）

○食品ロスのうち事業系は328万トン，家庭系は284万トンであり，食品ロス削減には，事業者，家庭双方の取り組みが必要。

【事業系食品ロス（可食部）の業種別内訳】

（平成29年度）

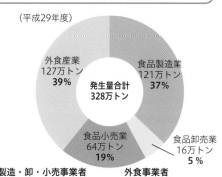

外食産業
127万トン
39%

食品製造業
121万トン
37%

発生量合計
328万トン

食品小売業
64万トン
19%

食品卸売業
16万トン
5%

製造・卸・小売事業者
○製造・流通・調理の過程で発生する規格外品，返品，売れ残りなどが食品ロスになる

外食事業者
○作り過ぎ，食べ残しなどが食品ロスになる

（出典）農林水産省資料

【家庭系食品ロスの内訳】

（平成29年度）

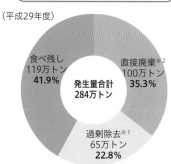

食べ残し
119万トン
41.9%

直接廃棄※2
100万トン
35.3%

発生量合計
284万トン

過剰除去※1
65万トン
22.8%

※1：野菜の皮を厚くむき過ぎるなど，食べられる部分が棄てられている
※2：未開封の食品が食べずに捨てられている

（出典）環境省資料

どんな食品がどういう場面で捨てられてしまっているか，例をあげてみよう。

家庭系食品ロスの発生要因として「未開封の食品が食べずに捨てられている」とある。なぜだろうか。

【期限表示】（容器包装を開けず，保存方法を守って保存した場合）

＿＿＿＿＿＿＿ 安全に食べられる期限
（期限を過ぎたら食べない方がよい）

＿＿＿＿＿＿＿ おいしく食べられる期限
（期限を過ぎてもすぐに食べられなくなるわけではない）

期限表示は消費者の安全のために表示が義務付けられているが，私たちはそれを有効に使うためにどうすればよいだろうか。

【期限表示（賞味期限・消費期限）の理解の促進】

	意味	表示がされている食品の例
賞味期限	おいしく食べることができる期限（best-before）定められた方法により保存した場合に，期待される全ての品質の保持が十分に可能であると認められる期限。ただし，当該期限を超えた場合でも，これらの品質が保持されていることがある。	菓子，カップめん，缶詰 
消費期限	過ぎたら食べない方がよい期限（use-by date）定められた方法により保存した場合，腐敗，変敗その他の品質（状態）の劣化に伴い安全性を欠くこととなるおそれがないと認められる期限。	弁当，サンドイッチ，惣菜

<表示例>

名称　　　いちごジャム
原材料名　いちご，砂糖，・・・
添加物　　増粘多糖類，・・・
内容量　　４００ｇ
賞味期限　枠外下部に記載
保存方法　直射日光を避け，常温で保存
製造者　　○○株式会社
　　　　　東京都千代田区△△

賞味期限 2021.10.31

<消費期限と賞味期限のイメージ>

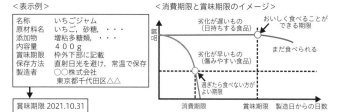

おいしく食べることができる期限
（日持ちする食品）

劣化が遅いもの
（日持ちする食品）

まだ食べられる

劣化が早いもの
（傷みやすい食品）

過ぎたら食べない方がよい期限

消費期限　　賞味期限　製造日からの日数

消費者庁　食品ロス削減関係参考資料より

組　　　　番　名前

② 食品ロスは何が問題なのか

ごみ処理事業経費

- 市町村及び特別地方公共団体が一般廃棄物の処理に要する経費は約2兆円／年（消費者庁 食品ロス削減関係参考資料より）この経費は私たちの＿＿＿＿から
- ごみを焼却するとCO_2などの＿＿＿＿＿＿＿＿が発生
- ごみの焼却に＿＿＿＿＿＿を使う

食品ロスの量と食料援助量

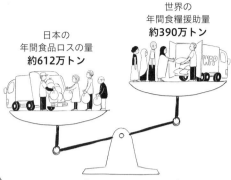

日本の年間食品ロスの量 約612万トン

世界の年間食糧援助量 約390万トン

ジュニアアエラ 2019年10月号より

世界の食料自給率

(%)
- ■ カロリーベース（平成29年）
- ■ 生産額ベース（平成29年）
- ※日本は令和元年度

カナダ／オーストラリア／アメリカ／フランス／ドイツ／イギリス／イタリア／スイス／日本

世界の食料自給率 農林水産省HPより

日本の食料自給率は38%（カロリーベース）。輸入には船や飛行機の燃料もかかっている。

WFP 国連世界食糧計画（国連WFP）は，飢餓のない世界を目指して活動する，国連の人道支援機関です。毎年約80か国において，平均して8,000万人に食糧支援を届けています。世界では今，9人に1人，数にして約8億人もの人々が飢餓に苦しんでいます。
国連世界食糧計画 HPより

日本の食品ロス612万トンはWFPによる食料援助量約390万トンの＿＿＿＿＿＿

食品ロスは食べ物が「もったいない」だけでなく，環境や貧困問題などさまざまな問題に関係する。ほかにもどんな問題があるだろうか。

③ 食品ロスを減らす取り組み

3分の1ルール　賞味期限の年月表示化

賞味期限の1/3までを小売店への納品期限，次の1/3までを消費者への販売期限とする食品業界の商慣習。販売期限を過ぎたものは値引きして売ることもあるが多くは廃棄したり，卸売店やメーカーに返品される。

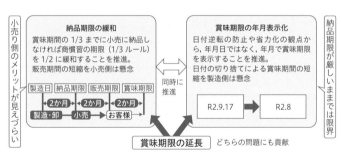

小売り側のメリットが見えづらい

納品期限の緩和
賞味期間の1/3までに小売に納品しなければ商慣習の期限（1/3ルール）を1/2に緩和することを推進。販売期間の短縮を小売側は懸念

製造日 ／ 納品期限 ／ 販売期限 ／ 賞味期限
2か月 ／ 2か月 ／ 2か月
製造・卸 ／ 小売 ／ お客様へ

同時に推進

賞味期限の年月表示化
日付逆転の防止や省力化の観点から，年月日ではなく，年月で賞味期限を表示することを推進。日付の切り捨てによる賞味期間の短縮を製造側は懸念

R2.9.17 → R2.8

賞味期限の延長 どちらの問題にも貢献

納品期限が厳しいままでは限界

賞味期限が3か月以上の加工食品は，表示の日付は省略することが法律で認められている。調味料や菓子，清涼飲料などで，年月表示に変更する動きがみられる。

このような食品業界の3分の1ルールはなぜあるのだろうか。消費者の賞味期限の表示に対する意識や，小売店など販売する立場での意味を考えてみよう。

賞味期限を年月表示にすると食品ロスの削減にどんな効果があるだろうか。

組　　番　名前

フードバンク

```
フードバンクの活動の概要
```

- ・生産・流通・消費などの過程で発生する未利用食品を食品企業や農家などからの寄付を受けて，必要としている人や施設等に提供する取り組み。
- ・もともと米国で始まり，既に約50年の歴史があるが，我が国では，ようやく広がり始めたところ。（日本では北海道から沖縄まで約80団体が活動）

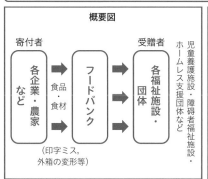

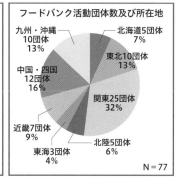

消費者庁　食品ロス削減関係参考資料より

ほとんどがNPO法人という活動から利益を得られない団体なので，働いている人はボランティアが中心である。食品の寄付だけでなく活動資金も寄付にたよっているので，食品保管のための倉庫や冷蔵庫，輸送代などの資金集めに苦労している。

2019年に「＿＿＿＿＿＿＿＿」が施行され，その基本方針にフードバンクを国が支援することが盛り込まれた。

この活動を支えるにはどんな支援が必要だろうか。

---

④ 海外での取り組み

[フランス]　2016年に「食品廃棄禁止法」という法律が実施されています。大型（400m2以上）のスーパーマーケットが，売れ残りや賞味期限切れの食品に漂白剤をかけて食べられなくすることを禁止し，違反すると罰金をはらわなければならなくなりました。余った食品は，ボランティア団体へ寄付することが義務づけられています。

[アメリカ]　アメリカには，外食をして余った食べ物を持ち帰る習慣があります。多くの店では，持ち帰るための入れ物（容器）を用意しています。この入れ物は，ドギーバッグ（犬のふくろ）と呼ばれ，「犬のえさにするから」という口実で食べ物を持ち帰りやすくしています。

[オーストラリア]　オーストラリアのオズ・ハーベストマーケットは，賞味期限が近い食品を大手スーパーマーケットからゆずり受け，店で無料提供しています。利用者から寄付をつのり，そのお金は，このスーパーマーケットを運営し，支援が必要な人たちへ食料を提供している団体の活動費用にあてられます。

出典　小林富雄「知ろう！減らそう！食品ロス」②食品ロスを減らすには　小峰書店（2020）

海外での取り組みを参考に，日本でも食品ロスを減らすためにどんなところに力を入れて取り組むべきだろうか？

21 自分たちで考える食料対策

テーマ設定の趣旨

　市販のマスクが店頭からなくなって手に入らない状況が続いたとき，わかったことは，マスクはほとんど中国から輸入されていたことだった。輸出国でなにかが起きると，輸入ができなくなることを思い知らされた。

　マスクは手作りすれば代用品で対応できることもあるが，食物の生鮮食品の代用はない。農林水産省の HP（ホームページ）をみたら，日本の食物の輸入は，アメリカ・中国・オーストラリアなど，食料大国からなので影響は心配しなくていいということだった。だが，テレビでは，中国からの玉ねぎや筍が不足しメニューを変えなければならないという飲食店経営者の声を報道していた。家庭科では，かなり前から食料自給率のことを取り上げてきているが，自給率が低いということを意識するにとどまっていたように思う。コロナ禍を機会に，今のままでいいのか，自給率をあげるとしたらどうするのか，もう少し深く子ども達と考えたいと思うようになった。なぜなら，食物が安定して供給されなければ，命をつなぎ健康に生きられないからである。

準備

❶ 次回からの授業は，日本の食料自給率が年々低くなっているので，これからどうしていくかを考える授業をすることを伝える。

❷ 自分の家で購入した，または，店頭でみかけた外国産の食品にはどんなものがあるか，家族に聞いたり自分で調べてくることを伝える。

授業の展開　（1時間～3・4・5時間）

展開	学習活動
導入	**教師の発問**　外国産の食品にはどんなものがありましたか。 　　　　　　　　それはどこの国からの輸入でしたか。
展開1	**シート1　身の回りの輸入食品を見つめる** 　身の回りの輸入食品を紹介しあう 　**討論**　食品輸入のメリット・デメリット
展開2	**シート2　食品自給率が下がった理由** 　日本の農業に関する法律と自由貿易の動向から考える 　**討論**　自由貿易の実際例から自由貿易について考える
展開3	**シート3　自分たちで食料対策を考えてみよう** 　農林水産省の食料安全保障や食料自給力という考え方を知る 　**討論**　自分たちで考える食料対策について話し合う
参考文献	農文協『農業と経済』2020年3月号 『TPPと日本の論点』農文協ブックレット（2011） 吉田忠則『逆転の農業─技術・農地・人の三重苦を超える』日本経済新聞社（2020）

身の周りの輸入食品をみつめる

調べてきた輸入食品をグループで交流し，食品の輸入のメリット・デメリットについて考える。

(1) 空らんの箇所に自分が調べてきたことを書き入れ，どんな食品がどこの国から輸入されているか紹介しあおう。

フイリピン

米国
オーストラリア

ミックス
ベジタブル

ベトナム

チリ
ノルウエー

中国

どんなことに気がつきましたか。

お菓子売り場にも
かなりあった。

図1・2からどんな
ことがわかっただ
ろうか。

(2) 図1は，各国の食料自給率の推移を，熱量（カロリー）で示した場合であり，図2はカロリーと生産額でみた日本の食料自給率の推移を示している。

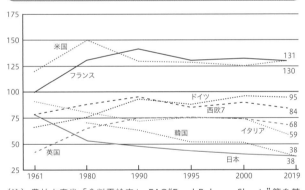

図1　諸外国の食料自給率の推移

(注) 農林水産省「食料需給表」，FAO"Food Balance Sheets"等を基に農林水産省で試算。韓国については韓国農村経済研究院「食品需給表」，スイスについてはスイス農業庁「農業年次報告書」による。供給熱量総合食料自給率は，総供給熱量に占める国産供給熱量の割合である。なお，畜産物については，飼料自給率を考慮している。また，アルコール類は含まない。ドイツについては，統合前の東西ドイツを合わせた形で遡及している。西欧7はフランス，ドイツ，イタリア，オランダ，スペイン，スウェーデン，英国の単純平均。

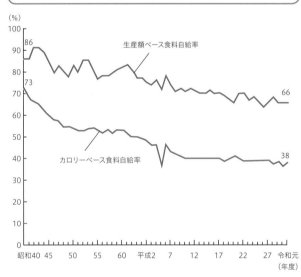

図2　日本の食料自給率の推移

出典）図1．2　農林水産省（2019）

食料自給率が下がると心配になることはどんなことか
クラスで話し合ってみよう。

コロナ禍の中のできごと
　食料を輸出している十数か国が自国の食料を確保するために輸出を制限するできごとが起きた。テドロスWHO事務局長は世界の貿易協定では自国の都合で勝手にそのような行動をしてはいけないことになっていると世界に呼びかけた。（外務省2020.7）

組　　番　名前

食料自給率が下がった理由

　食料の自給率を高めるにはなぜ自給率が下がったかをまず考える必要がある。いろいろ理由があるが，日本の農業政策と国際間の自由貿易という根本からそれを考えることにする。

（1）日本の農業政策　重要な法律は農業基本法と，その後の食料・農村・農業基本法である。

> **農業基本法（1961年）第2条の1**
> 需要が増加する農産物の生産の増進，需要が減少する農産物の生産の転換，外国産農産物と競争関係にある農産物の合理化等農業生産の選択的拡大をはかること

▶ **一言で言えば**
「外国で生産量が多い農産物は輸入することも合理的という考え」

（吹き出し）大豆は一気に輸入をすることになった。

> **農林水産省「農業基本法に関する研究会報告」（1992年）**
> 食糧の輸入が増えたことについて「我国の工業製品の輸出の急増は，農業も含めた貿易の自由化のテンポを早め，大幅な円高の進行，国内の生産コストの上昇と相まって，国産農産物の競争力は一層低下した」。

▶ **一言で言えば**
「貿易の自由化により工業製品の輸出が急増し，農産物の輸入が増えたと説明」

> **食料・農村・農業基本法（1999年）**
> 　　　　　　　　　農業基本法を廃止して成立。
> 第2条（食料の安定供給の確保）
> 国民に対する食料の安定的な供給については，世界の食料の需給及び貿易が不安定な要素を有していることにかんがみ，国内の農業生産の増大を図ることを基本とし，これと輸入及び備蓄とを適切に組み合わせて行われなければならない

▶ 各自の言葉で書いてみよう。
隣の人と話し合ってみよう。
一言で言えば
「

　　　　　　　　　　　　　　　　」

（2）世界の貿易動向と食料自給率

　貿易には以下の二つのタイプがある。

　自由貿易…輸出入について国が介入・干渉しない貿易―競争なので商品開発が進み質の良い生産に向かうメリットがあると言われる。

　保護貿易…自国の産業保護のために国が関与，介入する貿易―自国産業を保護するため，輸入する商品にかけるのが「関税」。価格の安い外国産商品がたくさん出まわると国内商品が売れなくなり自国産業が衰退することがあるために関税をかける。

　ニュースでEPA・TPP・RCEPなどの言葉をよく聞くと思うが，それは，世界で主流になっている2か国間や十数か国間の自由貿易協定であり，部分的に保護貿易が組み込まれている。自由貿易は，自国の製品の輸出と引き換えに，相手国の製品を輸入する，関税の有無や度合いをめぐる駆け引き・競争が行われる。それが国家間の力の格差になっている。

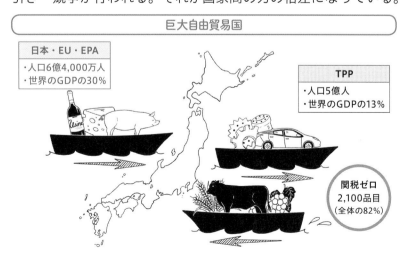

巨大自由貿易国

日本・EU・EPA
・人口6億4,000万人
・世界のGDPの30%

TPP
・人口5億人
・世界のGDPの13%

関税ゼロ
2,100品目
（全体の82%）

左図は，自由貿易の状況を示すイラストです。
自分たちで自由貿易の解説をしてみよう。

どの国も農業に関しては保護貿易を少しは取り入れています。食料自給率をあげることにつながるにはどうしたらいいだろう。

組　　番　名前

自分たちで食料対策を考えてみよう

コロナ禍はこのまま輸入し続けることへの警告でもある。

(1) 食料安全保障・食料自給力を示す農林水産省

食料安全保障とは‥（食料・農業・農村基本法第2条）

「国内の需給が相当期間ひっ迫し，又はひっ迫するおそれがある場合でも‥供給の確保を図る。」とある‥

食料自給力とは‥輸入と国産を合計した総供給量に対する国産の占める割合を食料自給率という。食料自給力は，輸入しないで国内の生産物だけで国民一人1日，どのくらいの熱量をまかなえるかの推定である。右図のように米・麦・大豆中心，芋類中心の4タイプで示す。

Ⓐ Ⓑ はおよそ，必要熱量以下である。

> 安全保障？この言葉が食物にも使われる！

> 戦時中は校庭を耕していもを植えた。1年に2回獲れたと聞いている。

食料自給力指標（2018年）

Ⓐ	米・小麦・大豆中心　栄養バランス考慮	1492kcal
Ⓑ	米・小麦・大豆中心	1829kcal
Ⓒ	いも類中心　栄養バランス考慮	2303kcal
Ⓓ	いも類中心	2633kcal

1日に必要なカロリーはおよそ成人女性は1400〜2000，男性は2200±200kcalである。

「知っている？日本の食料事情」農林水産省2019

Ⓓ　栄養バランスを考えない，いも中心の献立例

朝食
白米茶碗1杯（精米90g分）　浅漬け2皿（野菜229g分）　焼きいも2本（さつまいも378g分）

昼食
焼きいも2本（さつまいも378g分）　サラダ2皿（野菜229g分）　粉ふきいも1皿（じゃがいも283g）

夕食
焼きいも2本（さつまいも378g分）　野菜炒め2皿（野菜229g分）　粉ふきいも1皿（じゃがいも283g）　焼き魚1切（魚介類56g分）

5日にコップ1杯

牛乳（牛乳44g/日分）

3か月に1個

鶏卵（鶏卵1g/日分）

19日に1皿

焼肉（肉類5g/日分）

1人・1日当たり供給可能熱量（栄養バランスを考慮しない）　**2,633kcal**

Ⓓ を見て感じたことを話し合ってみよう。

> こんなことを考えているとは！

> 卵は3か月に1回。肉は19日に1回とは！

(2) 自分たちでこれからの食料対策を話し合ってみよう。

農地や農業従事者も減り続けているが，新規農業参入者は増えている。解決策もありそうな気がする。

もし，あなたが農業担当大臣だとしたら，どんな食料対策を考えますか。話し合ってみよう。

> 住民参加の食品ロスの具体策を考案・実行。

> 国産品の購入をポイント制にする。

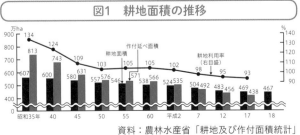

図1　耕地面積の推移

作付延べ面積／耕地面積／耕地利用率（右目盛）

資料：農林水産省「耕地及び作付面積統計」

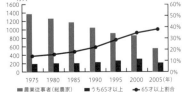

図2　農業従事者数の推移

■農業従事者（総農家）　■うち65才以上　●65才以上割合

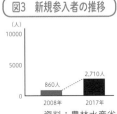

図3　新規参入者の推移

860人（2008年）　2,710人（2017年）

資料：農林水産省『平成29年新規就農者調査』

組　　番　名前

121

22 一人暮らしの計画から住政策を考える

テーマ設定の趣旨

　新年度最初の授業で「自立とは」を考えさせると，"一人暮らしができること"と答える生徒が多い。一人暮らしの具体的な計画を立てることで，自立を現実的に意識させたい。ここでは，「住まいにはお金がかかる」「一人暮らしは無理」で終わらせず，日本の住政策や他国の住宅費はどうなっているかを見ていくことで，「住まいを得ることは自己責任なのか」を考えさせたい。

　新型コロナウイルス感染症緊急事態宣言の発出に伴い，様々な業種が営業自粛を要請された。ネットカフェで生活していた人は，途端に「住まい」を失った。仕事がなくなり，会社の寮から退去せざるを得なくなった人もいる。これも「自己責任」なのか。これらの事例も紹介しながら，「健康で文化的な最低限度の生活を営む権利」を「住まい」の視点から見ていきたい。そこから社会の矛盾やその背景に気づき，解決の糸口を見つけられるようになってほしい。

授業の展開　（4〜6時間）

展開	学習活動
導入	一人暮らしの計画書の用紙を配付し，進め方を説明する。 年齢と月給の条件を示す。
展開1 （本書では省略）	計画書の作成 ①住みたい部屋を探す。（ネット検索） ②契約時にかかる費用（初期費用）を計算する。 ③一人暮らしを始めるために必要なもの（家電，生活雑貨等）を考え，その値段を調べる。（新聞折り込み広告などを利用） ④一人暮らしを始めるためには，いくら必要か計算する。（②＋③） ⑤生活するために必要な費用と金額（1か月）を調べる。（参考資料：総務省家計調査） ⑥毎月の給料から生活費等（住みたい部屋の家賃と管理費と⑤の合計金額）を差し引いて残る金額（余剰金）を計算し，赤字になった人数を確認する。 ⑦生活費の中で負担が大きい項目は何かを考え，家賃に注目する。
展開2	シートで授業を進める。（生徒の実情にあわせ，図表の読み取りを丁寧に行う） 「住まい」を得るということ　　シート1〜3 ・他国の住宅事情と日本の実態を比較し，日本の住政策の貧困に気づかせる。 ・改めて憲法25条を確認し，私たちにとって「住まい」とは何かを考える。
参考文献	日本住宅会議編「若者たちに「住まい」を！」岩波ブックレット（2008） 小玉徹著「居住の貧困と「賃貸世代」」明石書店（2017） 藤田孝典著「貧困世代」講談社現代新書（2016）

1 「住まい」を得るということ

(1) 生活費の中で負担となる「家賃」, 賄う方法を考えよう。

（空欄）

(2) 他の国と比較してみよう。

①若者（25歳~34歳）の居住の自立は？

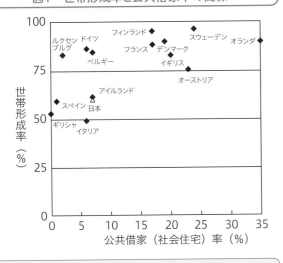

図1　世帯形成率と公共借家率の関係

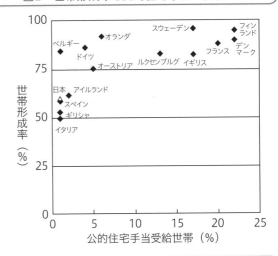

図2　世帯形成率と公的住宅手当の関係

「公的住宅手当」とは, 国による社会保障としての住宅手当のことで, 企業などが福利厚生として給与に含めているものとは異なる。日本で公的住宅手当に当たるものは, 生活保護制度の住宅扶助などのみで, 対象者は限定的である。

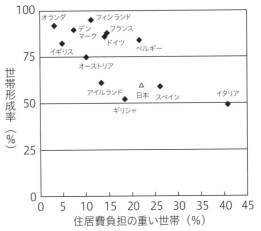

図3　世帯形成率と住居費負担の関係

図1,2,3ともに岩波ブックレット「若者たちに住まいを！」より

◆図1, 2, 3を見てわかること

・日本の若者の世帯形成率は（　　　　　）。

・公共借家率が高いほど, 世帯形成率は（　　　　　）。

・公的住宅手当受給世帯の割合が高いほど, 世帯形成率は（　　　　　）。

・住居費負担の重い世帯ほど, 世帯形成率は（　　　　　）。

まとめると,

_____

_____

_____

_____

組　　番　名前　_____

②日本の公共借家の状況はどうなっている？

				借家					（参考）		
調査年	住宅総数	居住世帯のある住宅	持家	借家計	公営	都市再生機構・公社	民営	給与住宅	空き家	持家率	空き家率
昭和38	10,228	9,850	5,577	4,272	548		3,084	640	264	56.6%	2.6%
昭和48	16,747	15,358	7,966	7,391	1,251		5,152	988	1,014	51.9%	6.1%
昭和58	21,124	18,789	10,834	7,882	962	648	5,297	975	1,927	57.7%	9.1%
平成5	25,505	22,603	12,386	9,652	1,034	710	6,688	1,220	2,479	54.8%	9.7%
平成15	39,436	26,464	15,311	10,378	1,128	786	7,615	849	3,679	57.9%	12.1%
平成25	35,104	30,367	17,910	11,364	1,047	760	8,895	661	4,440	59.0%	12.7%

表1　所有関係別住居ストック数の推移

＜三大都市圏＞　　　　　　　　　　　　　　　　　　　　　　　　　　　　　　　　　　　　　　（単位：千戸）

1. 住宅総数は，居住世帯のある住宅のほか，空き家，一時現在者のみの住宅，建築中の住宅を含む。48年より沖縄県を含む。
2. 居住世帯のある住宅には所有関係不詳を含む。
3. 三大都市圏：関東臨海（埼玉県，千葉県，東京都，神奈川県）　東海（岐阜県，静岡県，愛知県，三重県）近畿（滋賀県，京都府，大阪府，兵庫県，奈良県，和歌山県）
4. 持家率は，居住世帯のある住宅に対する持家の割合。空き家率は，住宅総数に対する空き家の割合。

（国交省　住宅経済関連データH30年度より）

◆表1から計算してみよう。

住宅総数に対する借家計の割合：　　　（昭和38）　4,272/10,228 × 100 ＝ 約（　　　　）％

　　　　　　　　　　　　　　　　　　（平成25）11,364/35,014 × 100 ＝ 約（　　　　）％

住宅総数に対する公営借家数の割合：（昭和38）　　548/10,228 × 100 ＝ 約（　　　　）％

　　　　　　　　　　　　　　　　　　（平成25）　1,047/35,014 × 100 ＝ 約（　　　　）％

借家計に対する公営借家数の割合：　（昭和38）　　548/4,272 × 100 ＝ 約（　　　　）％

　　　　　　　　　　　　　　　　　　（平成25）　1,047/11,364 × 100 ＝ 約（　　　　）％

まとめると，

_____

_____

③住宅の活用期間や既存住宅の流通は，他国と比べてどうなっている？

住宅投資等の国際比較

図4　滅失住宅の平均築後年数の国際比較

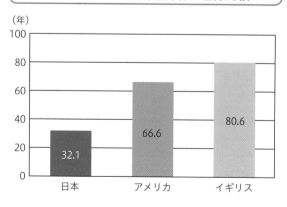

図5　既存住宅の流通シェアの国際比較

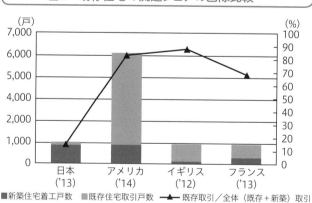

■新築住宅着工戸数　■既存住宅取引戸数　▲既存取引／全体（既存＋新築）取引

（図4・5ともに国交省　住宅経済関連データH30年度より）

日本の家は約（　　　）年で建て替えられる。
アメリカの家は（　　　）年。日本の（　　　）倍
イギリスの家は（　　　）年。日本の（　　　）倍

◆図4，5からわかること

組　　　番　名前

④日本の公的住宅手当は，他国と比べてどうなっている？

表2　各国における若年世帯（世帯主年齢25~34歳）の公的住宅手当の受給率

(%)

	イギリス	フランス	ドイツ	スウェーデン	フィンランド	イタリア	スペイン	日本
若年世帯	24	32	10	14	18	―	1	―
単身世帯	23	28	5	8	10	―	1	―
夫婦と子どもからなる世帯	13	34	12	12	16	―	0	―
夫婦のみの世帯	3	16	2	3	16	―	0	―
女親と子どもからなる世帯	81	89	52	85	73	―	0	―
その他	20	40	10	29	8	―	0	―
全世帯	24	21	6	17	11	0	1	1

※日本については，比較できるデータを用意できなかった。公的住宅手当と言えるものは生活保護における住宅扶助しかない。
（表と※は岩波ブックレット「若者たちに住まいを！」より）

◆表2からわかること
・若年世帯の公的住宅手当の受給率が高い国は_____
・若年世帯の受給率が全世帯の受給率を上回っている国は_____
・単身世帯の受給率が高い国は_____

まとめると，
_____
_____

(3) 最近のできごと

> **「コロナ禍で貧困あらわに―寝泊まりする場探す日々」毎日新聞2020/07/01夕刊より**
>
> ・主にイベント会場を設営する仕事だったので，「コロナ自粛」の影響をもろに受けた。派遣の仕事は雇い止めとなり，住んでいた寮も追われた。
> ・銀行口座や身分証を持っていなければアパートを借りるのも簡単ではない。
> ・月に14～15万を稼ぎながらネットカフェで寝泊まりしていた人たちが，いかに多かったか。アパートに住めていれば「ステイホーム」できたのに，ネットカフェも休業に追い込まれ，感染リスクにさらされるようになった。

【憲法第25条】
1. すべて国民は，（　　　　　　　　　　）最低限度の生活を営む権利を有する。
2. （　　　　　）は，（　　　　　　　　　　）について，社会福祉，社会保障及び公衆衛生の向上及び増進に努めなければならない。

(4) これまでの学習を通して①わかったことと，②あなたの考えを述べなさい。

組　　　番　　名前_____

テーマ 23 日本の医療は大丈夫か

テーマ設定の趣旨

　今回のコロナ禍で，マスクの不足の次にあらわになったのは，医療で使用する感染防護服や医療用マスク・手袋等であった。調べてみると，これらもかなり多く輸入しており，治療に使う薬なども同様であった。これまでは，命と健康にかかわるものを多く輸入に頼ってはいけないという考えで，日本の食料自給率が低いことは家庭科や社会科等でかなり前から取り上げてきているが，医療のことまでには目が向かなかった。そのうち，コロナ禍のなかで，病院へ診察を受けにくる患者数が減り出す，感染者の入院病床を作る，感染防止対策の設備設置のための出費などで，赤字に苦しむ病院が多くなってきていることや，看護師たちが心身ともの激務や自分自身の育児も加わり，退職する人が出ていることが報道されるようになった。また保健所の所員達が，懸命に働いても仕事が進まないことや，PCR検査数も首相が述べた数には遅々として届かない数が続くなど，なぜ？と思うことが多くなった。先進国でも，日本はかなり充実した医療体制の国と思ってきたが，改善しなければならない点があることに気づかされた。これらを授業で取り上げ，これからのあり方を生徒と一緒に考えてみようと思うようになった。

授業の展開 （1時間〜3・4時間）

展開	学習活動
導入	教師から生徒への発問 「コロナ禍で，医療関係で気になったのはどんなことですか」 ・数人の生徒に発言してもらった後，展開へいく。
展開1	シート1を使用 ・医師や看護師の実情から日本の医療に問題があることを知る。 ・海外との比較から日本の医師・看護師の働き方の特徴を知る。
展開2	シート2を使用 ・保健所の数や国立感染研究所の人員が減っている現状を知り，背景を考える。 ・討論　日本の医療や，公衆衛生の問題を話し合う。
展開3	シート3を使用 ・感染検査の種類や，日本では検査が著しく進んでいない現状を確認する。 ・検査に対する異なる見解を知る。 ・討論　検査体制がどうなってほしいか話し合う。
参考文献	上　昌弘『日本の医療格差は9倍 医師不足の真実』（光文社新書　2015） 宇沢弘文『社会的共通資本』（岩波新書2000）

1 命と健康を守る医療

コロナ禍で，休業や自粛が呼びかけられる中で，人の命や健康を守る仕事に一心に取り組む人たちがいる。

自らの命を危険にさらしながら働く医療関係者に，二通りの対応が見られた。

> 医療関係者に感謝と励ましを伝えるために弁当を差し入れるなど様々な取り組みを始めた。
> 世界中でこの取り組みがある。

> 感染者が出た場所で働く家族が嫌な思いをさせられた。
> （病院で働く男性の妻は，会社で働いていたが，会社から，出勤しないようにと告げられるなど）

エッセンシャルワーク
医療のように生活の中で絶対欠かせない（英語でエッセンシャル）仕事のことをいう。医療以外にはどんな仕事があるだろうか。
また上の二つの対応を知ってあなたは何を感じましたか。

ゴミ収集員　　交通機関の運転手

> 仕事のほとんどはエッセンシャルワークだと思うが。

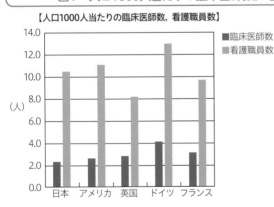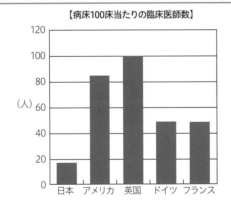

2 日本の医療をささえている人びと

図1　人口1000人当たりの臨床医師数，看護職員数，病床100床当たりの臨床医師数の国際比較

【人口1000人当たりの臨床医師数，看護職員数】

■臨床医師数
■看護職員数

資料：OECD Health Statistics 2015
（注）日本2012年，アメリカは2013年，英国は2013年，ドイツは2013年，フランスは2014年のもの。

【病床100床当たりの臨床医師数】

資料：OECD Health Statistics 2015より厚生労働省政策統括官付政策評価官室作成
（注）1．日本は2012年，アメリカは2012年，英国は2013年，ドイツは2013年，フランスは2012年のもの。2．病床100床当たりの臨床医師数は，臨床医師数を病床数で単純に割って100かけた数値である。

図1でわかることを（　）の中に書き入れてみよう。

日本は1000人あたりの医師と看護師の合計人数は諸外国より（　　　）く，医師と看護師の人数の割合は（　：　）で看護師が（　　　）い。また，病床100床あたりの医師数は諸外国に比べて著しく（　　　）い。

上記から日本の医療の仕事は，コロナ禍以前からきつい仕事であることがわかる。どうしたら改善できるだろうか。

組　　番　　名前

❸ 保健所の数は大幅に減っていた！

コロナ禍で耳にした保健所・国立感染研究所の動向から，日本の医療について考えてみよう。

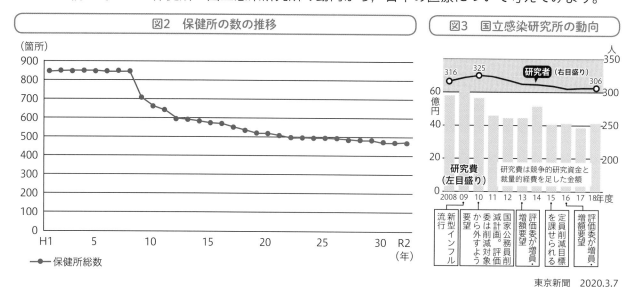

| 図2　保健所の数の推移 | 図3　国立感染研究所の動向 |

東京新聞　2020.3.7

保健所：戦後1947年に戦前の保健所法を改正し，地域の人びとの健康や公衆衛生を支える役割を担ってきた。1982年第二次臨時行政調査会（行政の改革をめざす内閣の諮問会議）で，地方公務員への人件費補助削減が目指され保健所の統廃合がすすめられた。保健所数は847から469へと大幅な減少となった。保健所の多岐な仕事と人員・財源の不足がコロナ禍で浮き彫りになった。保健所の財源は地方自治体が負担する。

国立感染研究所（感染研）：国の感染症対策の中核を担う研究機関。国の財政健全化目標により研究費の総額は低迷が続く。大学教授らで構成される感染研の研究評価委員は2010年度の報告書で，感染研の役割を踏まえ「国公務員削減計画の除外対象にすべきだ」と指摘した。20 13年度には「予算上の問題で，感染症の集団発生時にタイムリーなアクションが取れなければ大問題となりうる」とし，2016年度にも「財政的・人的支援伴わなければ全体が疲弊する」と警鐘を鳴らし続けた。（東京新聞　2020.3.7要旨）

表1　医療施設の開設母体

開設母体別医療施設数

総施設数	8327	割合
国立	324	3.9%
公立	1252	15.0%
民間	6751	81.1%

厚生労働省「医療施設動態調査」2019より筆者作成

> 民間の役割がずいぶん大きい！

表2　国の保健衛生費の費用

保健衛生費：内訳　被爆者援護・感染対策・医療基盤
純計：一般会計と特別会計の重複をさけて合体した財政

歳出決算総額	238.9兆円
保健衛生費	3441億円（0.02%）

財務省　純計（2019）より筆者作成

> あまりに少ない！

> 3441億円は日本人一人あたり年間2730円となる。

図1〜3，表1〜2をもとにして日本の現在の医療の特徴や改善点を話し合ってみよう。

組　　番　名前

❹ 日本のPCR検査数は世界で159位　なぜ進まない？

これからの医療のあり方をPCR検査を例に考えてみよう。

図1　諸外国の検査数

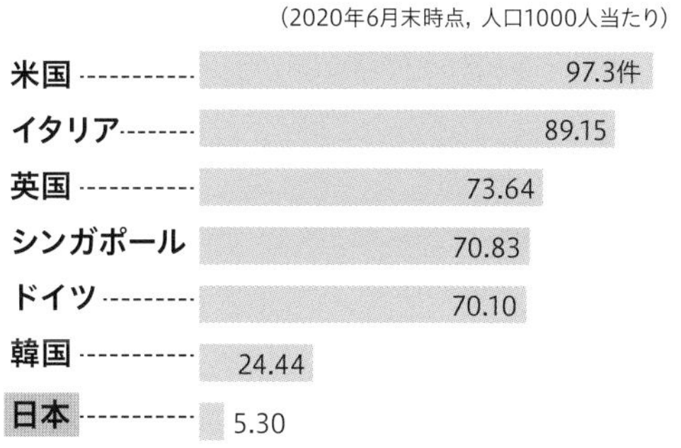

（2020年6月末時点，人口1000人当たり）

米国	97.3件
イタリア	89.15
英国	73.64
シンガポール	70.83
ドイツ	70.10
韓国	24.44
日本	5.30

（英オックスフォード大の研究者が公表する「Our World in Date」より）
時事ドットコムニュース　2020・7

表3　検査にはいろいろある

目的	現在　感染しているかどうか		
検査方法	PCR	抗原定性検査	抗原定量検査
対象	ウイルスを特徴づけている		
	遺伝子の配置	タンパク質	タンパク質
検体	鼻咽頭拭液 つば	鼻咽頭拭液	つば
時間	数時間＋運搬時間	30分	30分＋運搬時間

厚生労働省　2020.7.17 〜

PCR検査：Polymerase Chain Reaction（核酸増幅法）
抗原：身体に侵入した異物のこと（ウイルスなど）
抗体：前に侵入した抗原に抵抗して作られたタンパク質
　　　このタンパク質は抗原に特有なので抗体検査で以前に感染したかどうかがわかる。
　　　本書のp.14を参照のこと。

検査に関するいろいろな見解（文章の要点は筆者による）

1　新型コロナウイルス感染症対策専門家会議 検査上の問題と改善方向（2020.5.29）
・保健所の業務過多なので外部委託を推進する
・検体採取機関の不足を地域外来・検査センターの設置でカバーする等
　（検査に対する見解はない）

2　自動化した検査機器を─本田 克成 筑波大学教授（法医学）
　「日本は古い技術のままで，手作業の多い方法で行っている」と，検査件数が増えない理由を指摘した。海外で主流の自動化した検査機器は，国内で使われている機器の約10倍に当たる約1千件の検査が可能であり，法医学分野の大学などに導入すれば，検査数を増やせる。（下野新聞　2020.5.8）

3　「コロナ第2波」日本に決定的に足りない対応策─上 昌広 NPO法人医療ガバナント研究所理事長
　ワクチンが開発されていない現状では，感染者を早期に診断し，隔離（自宅，ホテルを含む）するしか方法がない。そのためにはPCR検査体制の整備が重要だ。‥尾身会長は，7月17日に配信されたインタビュー（BuzzFeedNews）で「必要なのは，全ての無症状者への徹底的なPCR検査ではない。『100％の安心は残念ながら，ない』と検査の拡大に反対している。‥感染症法では，感染者が確認されれば，濃厚接触者を探し出し，検査を受けさせることが規定されている。積極的疫学調査といい，実施するのは感染研と保健所，地方衛生研究所だ。‥明治に作られた伝染病予防法に始まる国家が感染者を見つけ，隔離するという思想に基づくものだ。感染者を強制隔離し，自宅を封鎖した。この考え方が今も生きている。」
（「東洋経済」2020.8，https://toyokeizai.net/articles/-/365173?page=7）

4「正しく恐れるために」抗体検査ができること─児玉 龍彦 東京大学名誉教授
　PCR検査，抗原検査は症状が出た前後で陽性になりますが3割程度陰性となる方もおられます。一方，抗体検査は，症状が出て1週間後から陽性の方が増え，2週間後からは，ほぼ全員が陽性になります。そこでこの両者を組み合わせることにより，診断率が上がります。また抗体検査で，感染の集積した場所を同定し，そこで集中的にPCR検査を行い，無症状の保因者をより確実に検出できる可能性があることがわかりました。‥‥第二波に備えてPCRと抗体検査の検査体制を構築しておくことは極めて有効です。
（「医学生物研究所」https://ruo.mbl.co.jp/bio/product/allergy-Immunology/special-talk/novelcoronavirus.html　2020.8）

> 検査に関する情報を調べたり，持ち寄ったり，検査のあり方を考えてみよう。

組　　　番　名前

特・小・中・高・大・社会人

24 災害国日本の税金の使い道

テーマ設定の趣旨

　コロナ禍も，近年多発する集中豪雨等による土砂崩れや地震による災害も，自然環境の変化・変動に起因していることは多くの人は知っている。すでに危険期間に入ったとされる南海トラフトの大地震もある。日本国内だけでなく世界中で，自然災害の多発期の中を，私たちは生きることになった。誰もが災害にであう可能性大の中で生きなければならない。防災，復旧，生活再建・復興など，それを，自分たちの問題として，人間関係や地域づくり・訓練などのソフト面と，堤防・ダム・森林の保存・水源池等の確保などハードの面をつないだ，総合的な施策に官・民が協働で取り組むことなくして，自分たちの命を守ることはできない。

　家庭科ではこれまで主としてソフト面として家庭でできる防災準備に力をいれてきた。今度のコロナ禍は災害支援等の実際を，経済という視点から見つめる授業を加えることを求めてるように思う。それに加えて，自然と社会・国内外の経済・政治のありようまで含めて判断し，行動する市民の力量になる授業をつくりたいと思っている。

準備

　災害が起きそうな時期の学習として位置付けておく。生徒には災害のニュースから死者・避難生活・生活再建に関する記事を集めておくことを事前に伝えておく。

授業の展開 （1時間〜 4時間）

展開	学習活動
導入	災害で命をなくしたニュースを紹介してもらう。
展開1	**シート1　災害時の命と尊厳** ・グラフで各災害での死者数をみる。 ・災害での死者を思う小学生の作文から考える。 ・討論　自分の住んでいる地域がどのような防災対策をとっているか。 ・被災者の尊厳を守る避難所の生活 ・スフィア基準を知る。 ・討論　被災者の尊厳という視点から避難所の生活のどこを改善したらいいか話し合う。
展開2	**シート2　国や地方自治体の災害対策費用** 災害にあった時の支援の実際 ・救助や生活再建に関する法律。 　行政の経済的支援について具体的に知る。 ・討論　日本の災害対策費用の仕組みについて話し合う。
展開3	**シート3　災害対策の財源はあるか** ・減り続ける税収 ・他国の比較から考える。 ・討論　財源の出所を考える。
参考文献	早川和男・井上英夫・吉田邦彦編『災害復興と居住福祉』(信山社 2012) 井出英策『財政から読み解く日本社会』(岩波ジュニア新書 2017) 岡田広行『被災弱者』(岩波新書 2015)

① 災害時の命と尊厳

災害でたくさんの命がうばわれてきている。命がうばわれなかった年はなく，阪神・淡路大震災では約6千5百人が建物の下になって圧死，東日本大震災では約2万3千人が波にさらわれて溺死している。

無実で亡くなった人の命

ぼくが最近気になったニュースは，熊本地震です。

地震は突然起こり，建物が崩壊してその壊れた建物の瓦礫の下じきになって亡くなる人がいました。その亡くなった人は，死ぬのだったら寿命で人生を終えるのがまだいいと思っていたと思うけど，こんなに早く死ぬなんて思ってもいなかったと思います。少しでも長く生きたいと思っているのに，死んでしまうのは悲しいことだなと思いました。‥そのように死んでしまった人は，悪いことをやっていないので，かわいそうだなと思いました。

浜松市HPより　小学校5年生作文
https://www.city.hamamatsu.shizuoka.jp

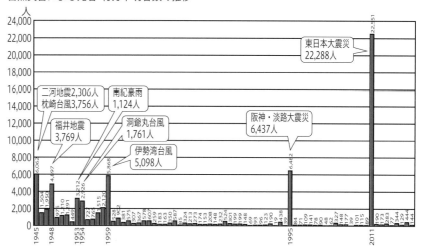

図1　災害で奪われたたくさんの命

自然災害による死者・行方不明者数の推移

東日本大震災 22,288人

二河地震2,306人
枕崎台風3,756人
南紀豪雨 1,124人
福井地震 3,769人
洞爺丸台風 1,761人
阪神・淡路大震災 6,437人
伊勢湾台風 5,098人

(注)1945年は主な災害による死者・行方不明者（理科年表による）。46～52年は日本気象災害年報，53～62年は警視庁資料，63年以降は消防庁資料に基づき内閣府作成。1995年の死者のうち，阪神・淡路大震災の死者については，いわゆる関連死919名を含む（兵庫県資料）。東日本大震災は震災関連死を含む（2020.3.1現在）。2019年は内閣府とりまとめによる速報
(資料)内閣府「令和2年版防災白書」ほか

あなたの住んでいる町・村・区では災害から命を守るどんな取り組みをしているだろうか。

② 被災者の尊厳を守る避難所の生活

命を守るために，体一つで非難された方々は，身も心も疲れ不安の中で過ごしている。

避難所にいる人の立場になって避難所生活の改善を考えてみよう。

よくある避難所の生活

避難者の尊厳を守るスフィア基準

スフィア基準とは，NGOと国際赤十字・赤新月（イスラム圏では＋字を避け新月―三日月の形にしている）運動のなかで1997年に基準が策定された。避難者には尊厳ある生活を営む権利，援助を受ける権利があるとされ，正式には，「人道憲章と人道対応に関する最低基準」をいう。日本政府は2016年からこれを導入し始めている。スフィアでは，一人の空間3.5㎡，トイレが20人に一人という基準がある。

スフィア基準

一人3.5m²の面積

3.5m²

（教室のドア2枚くらい）

トイレの数を増やす

男

女

数は男：女は1：3

上のイラストも参考にして，避難所の生活の改善点を上げてみよう。

イタリアでは訓練をうけたボランテイアが料理を作ってくれるときもあるという。

段ボールのベッドが置かれた避難所もある。でも9000円くらいで高い。財源があるといいなあ。

組　　　番　名前

3 国や地方自治体の災害対策費用

自然災害の多い日本は，災害対策にどのくらいの支出をあてているだろうか。

表1　国・地方自治体の災害関係費用

単位億円（10億の単位で4捨5入）

	A　全歳出総額	B　災害関係歳出額	B/A%
国	71兆	9700億	1.36
地方自治体合計	97兆	2兆3900億	2.46
合計	168兆	3兆3600億	2.00

総務省「地方財政白書」より筆者作成

Aは国と地方自治体の重複をさけたもので普段目にする一般会計等の歳出額とは異なる。

	国		地方自治体	
国土保全	7000億	32%	1兆6000億	68%
災害復旧	2200億	22%	7900億	78%
計	9700億		2兆3900億	

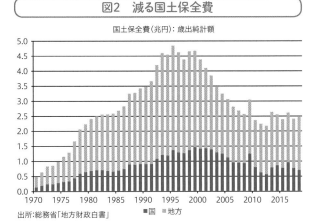

図2　減る国土保全費

国土保全費(兆円)：歳出純計額

出所:総務省「地方財政白書」　■国　■地方

国土保全費は，河川・堤防・ダム・海外・砂防など治水工事等の費用である。

（　　　　）の中に適切な語句を書き入れてみよう。　　（災害対策費用は　適正？少ない？多い？）

　表1から災害対策費用は国の支出より都道府県の方が（　　　）く支出していることがわかる。兆・億の金額は想像しにくい。そこで%でみると，国は国の全歳出総額の（　　　　　　）%，地方は地方自治体合計の全歳出総額の（　　　　　　）%であり，国は1兆円より（　　　　　）い。

国より地方自治体の費用が多い理由
①国は地方に使い道を決めて国庫補助金を給付しておりそこに災害事業費支出金がある。
②災害対策基本法で，国は主に災害総合計画を立て，都道府県・市町村は実施主体であり，費用は都道府県が受けもつとなっている。
③災害救助法で，大規模災害は国も費用を受けもつが，普段は，都道府県は市町村と連携協力し，費用を受けもつ。そのために平常時から税収の5/1000を積み立てることになっている。

4 救助の実際─住宅についてみてみよう。

図3　被災住宅への支援金は2種類

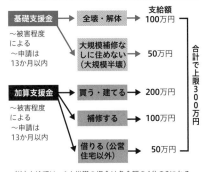

支給額

基礎支援金
〜被害程度による
〜申請は13か月以内

全壊・解体　→　100万円

大規模補修なしに住めない（大規模半壊）　→　50万円

加算支援金
〜被害程度による
〜申請は13か月以内

買う・建てる　→　200万円

補修する　→　100万円

借りる（公営住宅以外）　→　50万円

合計で上限300万円

（注）支給額は，1人世帯の場合は各金額の4分の3になる。

図4　災害後のすまい（公的支援）

| **仮設住宅** 災害発生日から20日以内に着工 | **民間賃貸住宅** みなし仮設住宅として借上げ | → | **災害恒久住宅（公営）** 入居まもなくは低家賃，その後一般の家賃 |

家賃は不要（約2年間）

　支援金を受け取るには，幾つか関門がある。住んでいるその地域が支援対象の災害に該当する基準を満たすこと，又，住宅は被害程度の審査を2回受け被災者はその被害程度を示す罹災証明を求められる。そこで被災者は住まいを片付けながら写真撮影等をすることになる。この制度は改善されてきたが誰でも支援を受けられるようにはなっていない。

国ではなく都道府県が財源をもつ仕組みについて二つの意見がある。
　1. 災害後の対策に重点がいき国土保全など防災対策（工事）が手薄になっている
　2. 実情に詳しいのは地方自治体なので合理的
あなたはどう考えるだろうか。話し合ってみよう。

組　　　番　名前

❺ 災害対策の財源はあるか。

避難所の改善，堤防や危険河川などの防災にも費用がかかる。その財源があるのだろうか。

(1) 減り続ける税収（財源）

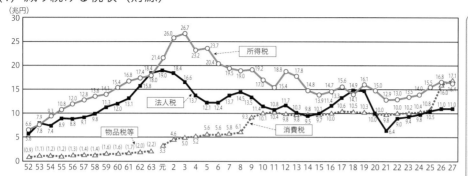

財務省「一般家計の推移」2018

法人：法律によって人と同じように権利・義務の資格をもつ企業団体・学校等の組織

消費税が導入された年
1989年　3%
1997年　5%（1%）
2014年　8%（1.7%
2019年　10%（2.2%）
（　）は地方へ配分

話し合ってみよう

所得税の税収が下がってきたのはなぜだろうか。
法人税の税収が下がってきたのはなぜだろうか。

消費税が始まった年に縦線をひいてみよう。
その前後をみると，所得税や法人税はどんな変化があるだろうか。

企業の内部留保は446兆円もあるときいた。（2017年）

非正規が増えていることは関係する?

(参考) 財源不足をどう考えるか？

税収が下がり財源不足になっているから，消費税をあげるという説明がある。1クラスの人数を減らしてほしいと思っても財源が必要で文教費が増える‥‥また消費税をあげてほしくないし，赤字も増えると思うと要求できなくなってしまう。しかし，他国をみると，経済大国でないのに，社会福祉が充実していたりする。多くの国民は財源不足は，国の財政の赤字が増え，高齢者は長生きするから社会福祉にお金がかかり当然だと思い込んでいる。しかし，税や社会保険料がどのように使われているか国民は関心を持っているだろうか。コロナのマスクには260億円使った。賛否両論あっていい。日本は税率や社会保険料など世界の中位にあるが，このまま低負担低福祉か高負担高福祉になるかと選択を迫る考えがでてくる，まずは税金の使われ方を知ることである。

図4　GDPに対する各国の社会支出の内訳	図5　GDPの高さと社会支出

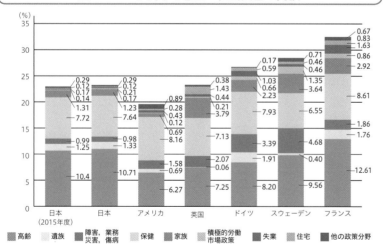

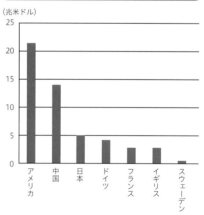

名目GDP（IMEによる予想値）2019年

■高齢　■遺族　■障害，業務災害，傷病　■保健　■家族　■積極的労働市場政策　■失業　■住宅　■他の政策分野

注　社会支出はおよそ社会保障に相当する。
資料：国立社会保障・人口問題研究所「平成27年度社会保障費用統計」

日本と他国の社会支出のちがいをみつけてみよう。

組　　番　名前

コロナ禍を通して見えてきた食の危うさ

世界的な新型コロナウイルスの感染拡大に伴い，一部の国が自国の食料確保を理由に，食料の輸出規制を行った。旧ソ連のダーチャを紹介することで，何が大切なのかを問いたい。

コロナ禍で見えてきたもの

食料自給率37％（2018年度，カロリーベース）の日本にとって，世界規模で新型コロナの感染が拡大したことで食の安全保障が揺らいでいる。

昨今，私達の食はグローバル化の進行により安さを優先したため，そのほとんどがはるばる遠くから運ばれてくるものとなっているが，その長く複雑な食料流通経路は地球規模の感染拡大の前では今後，輸入経路が絶たれるかもしれないというリスクとなっている。

さらにコロナ禍の影響で，今まで食料輸出国だった国が食料の輸出制限を始めている。（例：世界最大の小麦輸出国ロシアは，4～6月の穀物輸出量に制限を設けた。）輸出国の政府としては，自国民の食料確保を輸出より優先するのは当然だろう。

ダーチャの可能性

ダーチャとは，都市に暮らす人々が，初夏から秋までの週末を過ごす，菜園付きのセカンドハウスをさす。ダーチャの歴史は古く，もともとソ連時代に働く人々の休息の場として，国から与えられたもので，ソ連崩壊時には深刻な食料不足に見舞われたが，国内が混乱しなかった理由の一つには，ダーチャで必要最低限の食料を自らつくって，危機を乗り越えることができたことがあげられるそうだ。自分たちの食料を自分たちで作ることができることが人々に安心感を与えたことが大きいのだろう。

土地面積は1軒あたり200坪程度。畑ではさまざまな野菜やハーブ，果物等を栽培しており，ジャガイモを例にとれば，ロシア全体の生産量の9割近くにもなる。

また，オーストラリアでは都市においても自分の住宅の周囲に菜園をつくることを奨励され自給する基盤ができている。

with コロナ

コロナ禍が広がる中でコロナ疎開や二地域住居という新しい生活スタイルを取る人がでてきた。二地域居住とは，平日は都市部の住居で生活し，週末は農山漁村で生活するといった，生活区域を2つ構える生活スタイルのことである。

コロナ禍を通して，今までの生き方を見直す人も多い。人生において何が大切なのか，どのような生き方をしたいのか，自分は何をなすべきなのか等。

自治体によっては，移住を視野に入れてもらうために二地域居住を支援する取り組みを行っているところもあるので，生き方の選択肢としてこれからは二地域居住を選択する人も増えるのかもしれない。

また，ベランダ栽培や地域にできた空き地を共同で菜園にしたりする試みもある。

私達がより身近なところで自ら食料を生産し，そこで生産された食料を消費することこそが持続可能な社会への道なのではないだろうか。自分の立っている場所で，足元から始めることが大切なのだと考える。

技術・家庭科での取り組み

本校は京都駅から徒歩15分のところにある都市部にある学校だが，体育館横のわずかなスペースを利用しじゃがいも，玉ねぎ，ネギ，ニラ，かぶなど様々なものを栽培している。

収穫だけでなく，花や種を見せることも大切にしている。種まきをし育て，また種取をすること，持続可能な生産する術を身につけてもらいたいからである。

上：じゃがいもの花
左下：ネギの花
右下：かぶの種

コロナ後の世界
今行う選択が今後長く続く変化を私たちにもたらす

ユヴァル・ノア・ハラリ氏

1976年イスラエル生まれの歴史学者，哲学者。2014年『サピエンス全史』の世界的ヒットにより一躍時代の寵児となる。2016年の『ホモ・デウス』では衝撃の未来予想図で世界を震撼させた。最新作『21 Lessons』では現代を読み解き，人類を力強く鼓舞する，

2021年にはいって，日本では一部の都府県に2回目の「緊急事態宣言」がだされた。その際，政権与党は，指示に従わない違反者へ罰金を課し取締りを強化する政策を提出した。　一方，世界ではワクチンの生産と供給が始まり，ワクチン保有国と購入国，富める国と途上国と，力関係によって左右される命のあり様をみることになった。これらを見通していたかのようにハラリ氏は述べる。

「‥今後数週間に人々や政府が下す決定は，今後何年にもわたって世の中が進む方向を定めるだろう。医療制度だけでなく，経済や政治や文化の行方をも決めることになる。‥さまざまな選択肢を検討するときには，眼前の脅威をどう克服するかに加えて，嵐が過ぎた後にどのような世界に暮らすことになるかについても，自問する必要がある。そう，この嵐もやがて去り，人類は苦境を乗り切り，ほとんどの人が生き永らえる—だが，私たちは今とは違う世界に身を置くことになるだろう。‥‥この危機に臨んで，私たちは2つのとりわけ重要な選択を迫られている。第1の選択は，全体主義的監視か，それとも国民の権利拡大か，というもの。第2の選択は，ナショナリズムに基づく孤立か，それともグローバルな団結か，というものだ‥‥‥」(pp.33-34)

「石鹸警察」はなぜ不要か

たとえば，石鹸で手を洗うことを考えてほしい。これは，人間社会の衛生上，屈指の進歩だ。この単純な行為のおかげで，毎年何百万もの命が救われている。

‥‥今日，何十億もの人が日々手を洗うが，それは，手洗いの怠慢を取り締まる「石鹸警察」を恐れているからではなく，石鹸を使えば取り除けることを知っているからだ」(p.44)，「‥そして根も葉も「ない陰謀論や利己的な政治家ではなく，　学的データーや医療の専門家を信じるという選択するべきだ」。(p.47)

グローバルな情報共有

私たちが直面する第2の重要な選択は，ナショナリズムに基づく孤立と，グローバルな団結との間のものだ。感染症の大流行自体も，そこから生じる経済危機も，ともにグローバルな問題だ。そしてそれは，グローバルな協力によってしか，効果的に解決しえない。‥私たちは不和の道を進むのか，それとも，グローバルな団結の道を選ぶのか？　‥もしグローバルな団結を選べば，それは新型コロナウイルスに対する勝利となるだけではなく，21世紀に人類を襲いかねない，未来のあらゆる感染症流行や危機に対する勝利にもなることだ」
（pp.74-54）

ユヴァル・ノア・ハラリ『緊急提言　パンデミック』（翻訳　柴田浩之）河出書房新社より引用

テーマ2　コロナの下での衣生活学習

シート1　布の種類とマスクの機能

❷布の種類

具体例	ガーゼマスク ワイシャツ 夏物制服	ジーンズ 冬物制服	リボン	Tシャツ 靴下 セーター	プリーツマスク 紙オムツ

❸世界を見るモノサシ　単位の関係を理解しよう

m（指数表記）	m（分数表記）	よく使う単位	μm	具体例
10^{-7} m		1/10000 mm	1/10 μm	ウイルス0.1 μm
10^{-6} m		1/1000 mm	1 μm	大腸菌2 μm 飛沫5 μm 〜
10^{-5} m		1/100 mm	10 μm	繊維　羊毛直径18 〜 50 μm
10^{-4} m		1/10 mm	100 μm	糸　シャープペン芯500 μm
10^{-3} m	1/1000 m	1 mm		釣糸　網戸の目1 mm　蚊5.5 mm
10^{-2} m	1/100 m	1 cm		ビー玉
10^{-1} m	1/10 m	10cm		リンゴ
10^{0} m	1m	100 cm		2歳児の身長　窓枠幅0.9 m
10^{1} m	10 m	1000 cm		家　シロナガスクジラ25 m
10^{2} m	100 m	10000 cm		電車5両の長さ
10^{3} m	1000 m	1 km		○○高校→○○駅3 km
10^{4} m	10000 m	10 km		○○高校→○○市15 km
10^{5} m		100 km		○○高校→○○県90 km
10^{6} m		1000 km		○○高校→韓国1500 km
10^{7} m		10000 km		地球の直径12700 km

シート2　繊維の種類と衣服素材の性能

❶主な繊維の種類と特徴

	名称	繊維の例
天然繊維	a 植物　繊維	d 綿・麻
天然繊維	b 動物　繊維	e 毛・絹
化学繊維	再生繊維 半合成繊維	f レーヨン／キュプラ g アセテート
化学繊維	c 合成　繊維	h ナイロン／ポリエステル／ アクリル／ポリウレタン

◆繊維の生産量が伸びている背景と影響について考えよう。
・ファストファッションの普及による衣料の大量生産・大量消費・大量廃棄の問題

◆合成繊維の生産増加による環境負荷についてまとめよう。
・生分解性の低さ→ゴミ問題・マイクロプラスチックの発生
・石油由来→原料の資源問題・焼却後のCO_2発生
・天然繊維生産についても耕地・農業用水・農薬使用等の環境負荷が存在する。

❷衣服素材の主な性能

A　保温性（熱を保つ性質）
　例　ダウンジャケット・毛皮・フリース
　◆羊毛・発泡スチロールが温かい感触である理由を説明してみよう。
　（空気を多く含むために）熱伝導率が低く，触れた部分の身体の熱が保たれるため

B　通気性
　涼しい衣服のデザイン　暖まった空気は上昇気流を作る。衣服内の空気を放出するためにはえりぐりが開いたデザインが有効である
　◆マスクに必要な性能についてまとめよう。
　○透湿性　○速乾性　○通気性　△吸湿性・吸水性
　（汗を吸い快適だがマスクが呼気で濡れてしまう）

❸衣服材料の性能改善

衣服の例	繊維の種類（組成表示）	操作	改善内容
ワイシャツ	ポリエステル65% 綿　35%	綿と合成繊維を混ぜて紡ぐ（混紡）。	綿の吸水性と合成繊維のしわになりにくい性質を両立。

シート3　洗剤の働き

❸菌・ウイルスへの効果
　◆次の用語の意味をインターネットで調べてみよう

除菌	菌の数を減らすこと	殺菌できなくても拭き取り・洗い流しできればよい
消毒	菌を無毒化すること	数量を減らして感染力をなくすなど
殺菌	菌をある程度殺すこと	残量に定義なし
滅菌	菌を完全に殺すこと	残量1/1000000レベル　高温高圧滅菌など
抗菌	菌の増殖を防ぐこと	菌等が死ななくとも増えにくい環境であること

テーマ5　プラスチックゴミを減らそう

シート3　プラスチックゴミを減らす取り組みを4つの視点から具体的にあげてみよう。

使い捨てプラスチック製品を使わない

マイバッグ・マイボトル・マイ箸・マイストローなどの持参，ストロー・不織布おしぼりを使わない，水飲み場・給水スポットの利用　等

プラスチック以外の素材に代える

でんぷんで作った食べられる器・スプーン，紙製の器・ストロー・ボトル・パッケージ，ガラス製・紙製・スチール製・アルミ製の飲料容器等

リデュース・リユース・リサイクル
（減量化・再利用・再資源化）

ペットボトルや容器の軽量化・薄肉化，フィルム・ラベルの薄肉化・小型化，回収した使用済みプラスチックの再製品化

プラスチックの分解・処理の技術開発

常温水・海水で溶けるプラスチック，生分解性プラスチック固形燃料化，熱エネルギー回収　など

テーマ10　ローンのしくみと奨学金制度

シート1

❷ローンとは，銀行などからお金を借りて，後から少しずつ支払う約束のこと。
ローンでお金を借りた場合には，金利がかかる。金利には**年利**，月利，日歩などがある。

利息の計算式

　元金（最初に借りたお金）　×　金利　×　借入期間　＝　利息の総額

計算してみよう

　15万円を年利10%で4か月借りると？

　（　15万円　）　×　10%（　0.1　）　×　4か月（　4/12　）　＝　（　5,000円　）

❸ローンの返済方法

①年利18%から1か月当たりの金利（月利）を計算し，月当たりの利息を求める。

　　18%　÷　12か月　＝1.5%（月利）

　　30万円（元金）　×　1.5%　＝　4500円

②1か月目に支払う返済金1万円のうち，元金返済分を求める。

　　1万円　－　4,500円　＝　5,500円

③元金の残金を求める。

　　30万円　－　5,500円　＝　294,500円　（2か月目以降の元金）

④2か月目の利息を求める。

　　294,500円　×　1.5%　≒　4,418円

　この返済方法を　元利均等返済　という。

シート2

❹日本学生支援機構の奨学金

日本学生支援機構の奨学金を借りる場合，利息や返還総額は，どのくらいになるだろうか？

①第二種奨学金（利息付）の場合，月額8万円の貸与を受けると大学4年間で貸与総額は？

　　80,000円　×　12か月　×　4年　＝　3,840,000 円

②返還総額は？年利0.15%（2020年4月の利率）固定金利として（返還シミュレーションより）

　　月賦返還額　16,253円　×　240回（20年）　＝　3,900,720円　←返済が40歳代まで続く

③返還総額と貸与総額の差額は？（つまり利息額は？）

　　3,900,720円　－　3,840,000円　＝　60,720円　（これが利息）

シート3

❻日本の教育費

日本の公財政教育支出（国や地方公共団体が，税金により教育費を支出）の対GDP比は，OECD平均の7割にとどまる。

日本は高等教育段階で教育日本は高等教育段階で教育費の私費負担割合が高く，その中でも「家計負担割合」が高い。

テーマ11　テレワーク，オンライン学習ができる？

シート3

「居職（いじょく）」のある家

　「居職」というのは飾り職や家具職，建具職，桶屋，洋裁・和裁のような家の中に見世と呼ばれる作業場で働き，現場や注文主に収める職人のことで，働きながら暮らすこと。それに対して大工さんや左官屋さんのように外に出て現場で働くのを（　「出職」　）という。「居職」（　「出職」　）は明治時代まで使われていた。
　たとえば，東京の愛宕周辺にはお寺が多く，「居職」のある家のほかに小さな商店や町工場があり，そうでない住むだけの家は，（　仕舞屋（しもたや）　）と呼ばれていた。仕事を仕舞った家という意味。かつて「居職」は普通の生活の在り方だった。

住居専用地区

　戦後に住居専用地区が整備されて，住居の中で仕事ができなくなった。住宅地環境が壊されないように，（　国　）が住宅地を守った。つまり，働く場所と住む場所が分離した。

シート1　(2) 正規雇用と非正規雇用の違いをまとめてみよう。

雇用形態	正規雇用（正社員）	非正規雇用（パート, 派遣・契約社員等）
労働契約	・雇用期間の定めが（　無い　）＝無期契約 →　相当の理由がない限り, 解雇されない。	・雇用期間の定めが（　ある　）＝有期契約 ・簡単に（　解雇　）される。 →　解雇を恐れ, 権利を主張しにくい。
働けなく なった時	・（　　社会保障　　）を受けやすい。	・（　　社会保障　　）を受けにくい。 労働条件によっては社会保険に入れない。
賃金と 研修	・昇給していくことが多い。 ・ボーナスや退職金がある場合が多い。 ・やりがいのある仕事を任されやすい。	・経験年数や, 仕事の幅・責任が増えても, （　　低賃金　　）のままにされやすい。 ・転職の際に, 職歴が評価されにくい。
労働時間 勤務地 労働内容	・（　長時間　）拘束される。 ・慢性的に（　残業　）があることも多い。 ・転勤や, 配置転換がある企業もある。	・アルバイト・パートタイマーは, 労働時間が（　短い　）。 ・希望する（　時間　）や地域, 職種で働ける。

テーマ17　世帯主とは

シート2　(2) 戸籍とは？
◆「戸籍（戸の箱）」の意味は？「戸」がつく言葉をあげてみよう。
戸建て, 戸外, 戸別訪問, 門戸・・・
「戸」には（　家　）の意味がある。戸籍は家の簿ということになる
(3) 戦前の図の下　これを（　家制度　）という。

シート3　(4) 何故変わったのか
第24条
1. 婚姻は（　両性の合意のみ　）に基づいて成立し, 夫婦が（　同等の権利　）を有することを基本として,（　相互の協力　）により, 維持されなければならない。
2. 配偶者の選択, 財産権, 相続, 住居の選定, 離婚並びに婚姻及び家族に関するその他の事項に関しては, 法律は,（　個人の尊厳と両性の本質的平等　）に立脚して, 制定されなければならない。

◆戦前と戦後, 変わったことを民法で確認しよう

戦前	戦後
・「戸主」（家の長）がいる。 ・戸主は原則男性である。 ・結婚には戸主の同意が必要である。 ・妻は夫の家に入るので, 夫の姓になる。 ・家督相続（新戸主がすべての財産権利を単独で相続）である。	・戸主はいないが, 筆頭者はいる。 ・筆頭者の性別は問わない。 ・両性の合意のみ（未成年者は親の同意必要） ・夫婦は同姓である（夫又は妻, どちらかの姓） ・配偶者と子が相続する。（子の相続は同等）

家制度は（　廃止　）された

(5) 日本の現状と他国の様子
◆世界に目を向けてみよう
○日本のような戸籍がある国は（　ない　）
○法律で夫婦同姓を義務づけている国は（　ない　）

> 婚姻を妻の氏で届け出た夫婦の割合（　4　）%
> （厚生労働省 人口動態統計調査2017年より）

テーマ19　日本の＜性＞に関わるこれまでとこれから

シート3　(2) 選んだCaseの解決策を, 個人・社会/政治レベルで考えてみよう。
例）Case2
個人レベル➡一人で抱え込まない, 相談できる人や相談機関を探す
社会／政治レベル➡こうした現状をメディア等で広く知らせる。
より不利益や不便を強いられやすい人への支援を重点的に行う。

テーマ20　食品ロスはなぜ発生するのか

シート1　期限表示（容器包装を開けず, 保存方法を守って保存した場合）
消費期限　安全に食べられる期限（期限を過ぎたら食べない方がよい）
賞味期限　おいしく食べられる期限（期限を過ぎてもすぐに食べられなくなるわけではない）

シート2　2食品ロスは何が問題なのか

> ・市町村及び特別地方公共団体が一般廃棄物の処理に要する経費は約2兆円/年
> （消費者庁　食品ロス削減関係参考資料より）この経費は私たちの税金から
> ・ごみを焼却するとCO_2などの温室効果ガスが発生
> ・ごみの焼却にエネルギーを使う

> 日本の食品ロス612万トンはWFPによる
> 食料援助量約390万トンの約1.6倍

シート3　フードバンク　左上の文章　・・・　2019 年に「食品ロス削減 推進法」が施行され,

シート1

（2）他の国と比較してみよう

◆図1,2,3を見てわかること
・公共借家率が高いほど，世帯形成率は（　高い　）。
・公的住宅手当受給世帯の割合が高いほど，世帯形成率は（　高い　）。
・住居費負担の重い世帯ほど，世帯形成率は（　低い　）。

まとめると，
　公共借家や公的住宅手当が充実していると住居費の負担感も少なく，若者は親元を離れて世帯を形成する傾向にある。（居住の自立を果たしている）

シート2

◆表1から計算してみよう
住宅総数に対する借家計の割合：　　（昭和38）　4,272/10,228 × 100 ＝ 約（　41.7　）%
　　　　　　　　　　　　　　　　　（平成25）11,364/35,014 × 100 ＝ 約（　32.4　）%
住宅総数に対する公営借家数の割合：（昭和38）　　548/10,228 × 100 ＝ 約（　5.3　）%
　　　　　　　　　　　　　　　　　（平成25）1,047/35,014 × 100 ＝ 約（　2.9　）%
借家計に対する公営借家数の割合：　（昭和38）　　548/4,272 × 100 ＝ 約（　12.8　）%
　　　　　　　　　　　　　　　　　（平成25）1,047/11,364 × 100 ＝ 約（　9.2　）%

まとめると，
　50年の間に，住宅総数に対する借家の割合が減っている。さらにその借家に対する公営借家の割合が減っている。安く借りられる家が減っている。

③住宅の活用期間や既存住宅の流通は，他国と比べてどうなっている？

> 日本の家は約（32）年で建て替えられる。
> アメリカの家は（67）年。日本の（2）倍
> イギリスの家は（80）年。日本の（2.5）倍

シート3

◆表2からわかること
・若年世帯の公的住宅手当の受給率が高い国は**フランス、イギリス、フィンランド、スウエーデン**
・若年世帯の受給率が全世帯の受給率を上回っている国は**フランス、フィンランド、ドイツ**
・単身世帯の受給率が高い国は**フランス、イギリス**

まとめると，
　ヨーロッパのいくつかの国では若年世帯に対する公的住宅手当が充実している。また，子どもを持たない単身世帯も受給の権利を持っている。

（3）最近のできごと

【憲法第25条】
1. すべて国民は，（　健康で文化的な　）最低限度の生活を営む権利を有する。
2. （　国　）は，（　すべての生活部面　）について，社会福祉，社会保障及び公衆衛生の向上及び増進に努めなければならない。

テーマ23　日本の医療は大丈夫か

シート1

❷日本の医療を支えている人々

> 図1でわかることを（　）の中に書き入れてみよう
> 日本は1000人あたりの医師と看護師の合計人数は諸外国より（　少な　）く，医師と看護師の人数の割合は（　1：5　）で看護師が（　多　）い。また，病床100ベットの医師数は諸外国に比べて著しく（　少な　）い。

テーマ24　災害国日本の税金の使い道

シート2

❷国や地方自治体の災害対策費用
（　　　）の中に書き入れてみよう。　　　（災害対策費用は　適正？少ない？多い？）
　1図から国の支出より都道府県全体の方が（　多　）く支出していることがわかる。兆・億の金額は想像しにくい。そこで，%でみると，国は，全歳出総額の（　1.36　）%，地方は地方自治体合計全歳出総額の（　2.46　）%であり，国は，1兆円より（　少な　）い。

私たちが考える新しい様式
—学校編

様式ってどんなこと？

いろいろな辞書では，同類のものの間に共通の，一定の形式・やり方とある。それは単なるやり方ではなく，理にかなっているからそうするのである。

1クラスの定員は20人以下

行き届いた教育にするために20人以下のクラスを様式に（下図）

机も面積の広い一人用机に

> そのためには教師の人数と教室が必要。

> 30年くらい前は，クラスを半分に分けて家庭科の授業をしている学校があった。

> 日本のGDPがあれば十分可能（ページ下の「世界のGDP比に対する教育費の比較」参照）。

> 学校を統廃合しない方法もある。

全ての教室にエアコンがついている

更衣室や各教科の準備室にもエアコンがほしい。

部活動・学校行事等が位置づいている学校

学校は人と関わり合い，人間としての成長し合う場

命と暮らしにかかわる学習（教科家庭科）に適正な授業時間がある

当面，以下の時数に
小学校　5・6各年週2時間
中学校　1・2・3各年週2時間
高等学校　4単位（2学年で週2時間）

> 実習授業に**実習助手がいる**（理科助手はいる）

> 通常でも調理台は定員1〜3人に。

日本の今

世界のGDP比に対する教育費の比較

日本　27位／36か国

公財政教育支出対GDP（2017年）

(%)

凡例：
- ■ 大学・高等専門学校
- 小学校・中学校・高等学校

1.4
2.6

横軸：ノルウェー／ニュージーランド／チリ／英国／イスラエル／米国／オーストラリア／カナダ／アイルランド／ベルギー／デンマーク／コロンビア／スウェーデン／フィンランド／ポーランド／ポルトガル／韓国／OECD平均／オーストリア／EU23か国平均／メキシコ／エストニア／ポーランド／スロベニア／ドイツ／スロバキア／日本／ラトビア／ハンガリー／イタリア／チェコ／ギリシャ／アイルランド／リトアニア／ルクセンブルク

OECD Education at a Glance 2020 Figure C2.1. Total expenditure on educational institutions as a percentage of GDP (2017) (https://doi.org/10.1787/69096873-en).

1クラスの児童生徒数の国際比較

OECD平均　小学校21.1人，中学校23.3人
日本　　　小学校27.2人，中学校32.1人

凡例：
- 小学校
- ◇ 中学校

縦軸：1クラス当たりの生徒数

横軸：チリ／日本／フランス／韓国／ブラジル／OECD平均／米国／スウェーデン／フィンランド／ギリシャ／コスタリカ

OECD　2018

140

学校環境を整備する作業員が配置されている

教員が校舎を消毒することなどは緊急時でしかたがなかったとはいえ，衛生上の観点からもあってはならない。消毒をする作業員などを雇用する。

欧米では，生徒はトイレ掃除をしていない。

北欧では男女別トイレではなく，個室があるところもあるらしい。

学校のトイレ清掃を生徒がするかどうかも，根本的に考え直したい。学校で最もウイルスや菌が多い場所がトイレである。

学校給食が充実している

日本の学校給食が，子どもの食生活を支えていることがよくわかった。
できれば，自校方式給食が，日本の特徴ある様式になってほしい。地域の特徴も生かせば地域の文化も学べる。

教材研究の時間が確保されること，子どもの家庭環境によるが学力差がでないこと

これから，ICT教育の導入などが推奨され，教師一人一人がそれに取り組むことになる。
それには，教師に十分な教材研究の時間がないとできないし，教材会社が作成した教材を使用するだけでは，教師自身も満足できない。
子どもの家庭のIT環境も影響してくるし，子どもと接する時間ももっとほしい。
これが新しい教育を移行する最低の教育条件だ。

教師の思考時間を取り戻したい。

フィンランドは，教師の帰宅は夕方5時前という。教師だけでなくみんなそうみたい。

日本の教員の仕事時間は参加国で最も長く，人材不足感も大きい。

〈教員の1週間あたりの仕事時間〉

	日本（小学校）	日本（中学校）	参加国平均（中学校）
仕事時間の合計	54.4h	56.0h (53.9h)	38.3h
授業時間	23.0h	18.0h (17.7h)	20.3h
課外活動	0.6h	7.5h (7.7h)	1.9h
事務業務	5.2h	5.6h (5.5h)	2.7h
授業計画準備	8.6h	8.5h (8.7h)	6.8h
職能開発	0.7h	0.6h	2.0h

参加国中で最長

■日本（小学校）　■日本（中学校）（括弧内は前回2013年調査）　　参加国平均（中学校）

〈学校における教育資源の不足感（校長）〉

支援職員	55.8% / 46.3%	30.8%
特別な支婚を要する児童生徒への指導能力を持つ教員	40.3% / 43.6%	31.2%
児童生徒と過ごす時間	38.3% / 49.1%	23.6%
教材・教科書	4.2% / 3.0%	15.6%

日本の教師は教材研究と子どもと過ごす時間が少なく，教師になる人が希望を持てないのでは？

文部科学省「OECD国際教員指導環境調査（TALIS）2018報告書vol.2」2020

私たちが考える新しい様式 —生活編

1時間の労働の最低賃金が当面国民すべて1100円以上に 誰でも職種・学歴・住所・障がいの有無・性別等にかかわらず

非正規労働でも同じ仕事であれば賃金は同じ
保育・介護・看護などのケア労働やエッセンシャル労働の価値をみとめて給与水準をあげる。

正規　　非正規

誰もが最低貯金ができる収入がある。

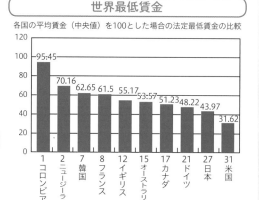

世界最低賃金

各国の平均賃金（中央値）を100とした場合の法定最低賃金の比較

- 1 コロンビア 95.45
- 2 ニュージーランド 70.16
- 7 韓国 62.65
- 8 フランス 61.5
- 12 イギリス 55.17
- 15 オーストラリア 53.57
- 17 カナダ 51.23
- 21 ドイツ 48.22
- 27 日本 43.97
- 31 米国 31.62

OECD（2018）資料より

文化・芸術・スポーツを誰もが楽しめる予算

施設充実や入場料への補助を行い，出場者も観客も文化を楽しめるようにする。

各国の文化予算額の比較（2016年度）

- フランス 4,238
- 韓国 2,525
- イギリス 1,773
- ドイツ 1,697
- アメリカ 1,659
- 中国 1,167
- 日本 1,040

（単位　億円）

出所）各種公開資料より　（一社）芸術と創造作成

命と心身の健康を最優先する社会

災害対策が強化され 地産地消の食生活

農業が保護され 集中豪雨による死者をださない

平成30年7月豪雨水位

左岸　　右岸

被災水位まで築堤盛土する

地域医療の場所と働く人数を倍に

対人保健	地域保健	対物保健
●健康増進法		●食品衛生法
●感染症法，予防接種法	●地域保健法	●興行場法などの業法
●母子保健法	◇基本方針	●水道法
●精神保健福祉法	◇保健所等の設置	●墓地埋葬法
●その他	◇人材確保	●その他
◇難病医療法，がん対策基本法，肝炎対策基本法　など		◇狂犬病予防法，薬事法，ビル管法，生衛法　など

社会保障住宅分野の対GDP比較2015

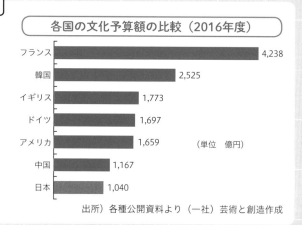

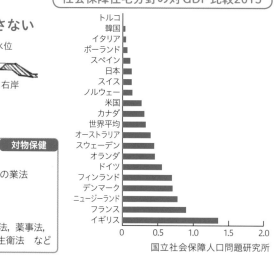

- トルコ
- 韓国
- イタリア
- ポーランド
- スペイン
- 日本
- スイス
- ノルウェー
- 米国
- カナダ
- 世界平均
- オーストラリア
- スウェーデン
- オランダ
- ドイツ
- フィンランド
- デンマーク
- ニュージーランド
- フランス
- イギリス

0　0.5　1.0　1.5　2.0

国立社会保障人口問題研究所

自然環境保全の意識と行動が当たり前に

持続可能の危機は人間の生命の危機にもなり
つつある。
この危機から抜け出す生活様式へ転換する
課題に直面している。

まずは，もの・エネルギー・水への向かい
方を変えることである。
個人的な3Rの実行ではすまない。
- ・個人
- ・協同
- ・3Rの計画・実行をリードする行政
の3つが連携する生活様式を
作り出すことである。

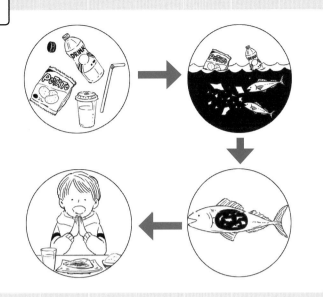

多様な人々との相互の助けあい

あらゆる差別をなくす

男・女・LGBT・障がいの有無・人種・民族など，
違いのある人々との相互依存と自立

友人から
ゲイだって打ち明け
られちゃったんだ。

ほかのヤツには
言うなよ!!

あなたが友人だったらどうしますか？
A）友人から聞いた話をほかの人に言いふらす。
B）信頼できる友人に相談する。
C）友人に，打ち明けた人の許可なく他人に話さな
　　いように注意する。

暴力を許さない

DV・デードDV・体罰
児童虐待・いじめ（学校・企業）
高齢者虐待，セクハラ・パワハラ

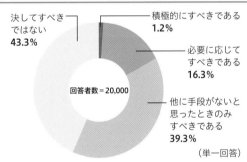

しつけのための体罰についてのアンケート結果

決してすべきではない 43.3%
積極的にすべきである 1.2%
必要に応じてすべきである 16.3%
他に手段がないと思ったときのみすべきである 39.3%

回答者数 = 20,000
（単一回答）
国際NGO「セーブ・ザ・チルドレン・ジャパン」

情報技術（ICT・AI）リテラシーを身につけよう

どんな情報も批判的にみる。

現代は多様な情報媒体があり，自らも情報を発信することもできる，かつて経験していなかった時代。
その長所・短所を見極め続ける目と力が人間に求められている。

Society5.0やIoTなど
便利なバラ色の
社会を宣伝するが
貧富の格差は
どうするのか…

GIGAスクール・
EdTech，オンラインなど
教育へ取り込みも多い
が……

■執筆者一覧

明楽　英世	元埼玉県公立高校 教諭	② (1)-⑤
石津みどり	東京学芸大学附属小金井中学校 教諭	② (2)-②③ ③ 参
板倉由希子	神奈川学園中学高等学校 教諭	⑤ テーマ12
艮　香織	宇都宮大学 准教授	⑥ テーマ19
海野りつ子	元東京都公立小学校 教諭	③ テーマ4
大矢　英世	宮崎大学 准教授	① ①②③④ ② (1)-②
草持　好	埼玉県公立高校 教諭	⑥ テーマ14・16
佐々木潤子	龍谷大学付属平安高等学校・中学校 教諭	④ 参・参・識 ⑦ 参
鈴木　恵子	埼玉県公立高校 教諭	⑥ テーマ17 ⑦ テーマ22
鶴田　敦子	元聖心女子大学 教授	⑦ テーマ21・23・24・識
中川　千文	学校法人 静岡理工科大学静岡北高等学校 教諭	⑤ 参 ⑥ 識
	和光大学 非常勤講師	
中村　洋子	元東京音楽大学付属高等学校 教諭	③ テーマ1 ⑤ テーマ11
半田　ゆう	東京都公立中学校 教諭	⑥ テーマ15
森下　育代	横浜市立中学校 教諭	③ テーマ5
松本　亜紀	埼玉県公立高校 教諭	③ テーマ2
山田　綾	四天王寺大学 教授	p.6〜9 ② (1)-① ⑤ テーマ9
山田祐里子	埼玉県公立高校 教諭	⑤ テーマ10 ⑦ テーマ20
吉井美奈子	武庫川女子大学 准教授	② (1)-③ ③ テーマ3 ④ テーマ6・7・8
若月　温美	東葉高校 教諭	⑤ テーマ13
綿引　伴子	金沢大学 教授	⑥ テーマ18 ③ 識

所属は2021年2月15日現在　　　　　　　　　□=章　参=参考資料　識=識者は語る　上記以外は共同執筆

アートディレクション　野崎武夫
表紙・本文デザイン　　パシフィック・ウイステリア
イラストレーション　　町田孛句　たしまさとみ　木津遥

24のワークシートで示す　**生活からはじめる教育**　コロナ禍が教えてくれたこと

2021年2月28日　初版発行

編著者　●生活の学びの研究会
発行者　●大熊 隆晴
発行所　●開隆堂出版株式会社
　　　　〒113-8608　東京都文京区向丘1-13-1
　　　　TEL 03-5684-6116（編集）　http://www.kairyudo.co.jp/
印刷所　●図書印刷株式会社
発売元　●開隆館出版販売株式会社
　　　　〒113-8608　東京都文京区向丘1-13-1
　　　　TEL 03-5684-6118　振替 00100-5-55345

ISBN 978-4-304-02184-8